Le secret du manoir

L'auteur : Ellen Miles habite une petite maison dans l'état du Vermont, aux États-Unis, avec Django, un chien qui mange trop de gâteaux... et qui est donc trop gros ! Elle a (seulement) un frère et une sœur aînés : elle aurait bien aimé grandir dans une famille très nombreuse, comme les sœurs Christer ! Elle adore les mystères : mener l'enquête, trouver des indices, résoudre une énigme l'ont toujours passionnée.

Titre original : *The Secret in the Attic*

Loi n° 49 956 du 16 juillet 1949
sur les publications destinées à la jeunesse.
Dépôt légal : avril 2005
ISBN : 2 7470 1155 0

Ellen Miles

les enquêtes des SOEURS CHRISTER

Le secret du manoir

Traduit et adapté de l'américain
par Anouk Journo-Durey

BAYARD JEUNESSE

Un grand merci à David Levithan,
sans qui ce livre n'aurait pu voir le jour.

Un livre que je dédie tout spécialement
à Karl...

La tribu Christer

Dans la famille Christer, nous sommes neuf, en comptant papa et maman. Vous en déduisez qu'ils ont eu sept enfants, filles et garçons ? Perdu ! Ils ont eu… sept filles ! J'ai donc six sœurs… eh oui ! Il y a les deux aînées : Miranda, vingt et un ans, et Olivia, dix-neuf ans. Elles sont étudiantes et ne vivent plus à la maison. Ensuite viennent Katherine (quatorze ans) ; moi, Ophélie (treize ans) ; Juliette (onze ans) ; Viola et Helena, les jumelles (neuf ans). Quelle tribu ! Quand on se dispute, ça ne rigole pas !

Sauf qu'on rigole plus souvent qu'on ne se dispute. Parce que, toutes les sept, on adore les chasses au trésor, les mystères en apparence insolubles, les énigmes compliquées…

Il faut dire que nous avons de qui tenir :

maman est juge et papa, expert pour l'AFA, l'Administration fédérale de l'aviation. Il enquête sur tout ce qui concerne les accidents d'avion. Miranda est stagiaire-détective au commissariat de la ville… Quant à Olivia, elle étudie la photo à l'université : elle aime observer la nature, les gens, repérer tout ce qui est différent, original, voire bizarre… Bref, dans la famille Christer, on a tous un gène « spécial mystère » !

Et aussi un gène « spécial littérature » : mes sœurs et moi portons toutes des prénoms tirés de pièces de Shakespeare. Oui, vous l'avez deviné, nos parents sont fans de l'illustrissime William. Et ils nous ont transmis leur passion des livres. On lit de tout, chez nous : journaux, romans, pubs sur les paquets de céréales, modes d'emploi d'ordinateur, dictionnaires… Une super gymnastique pour nos cerveaux de super détectives !

P.S. : J'allais oublier ! On habite à Cloverdale (Vermont), une petite ville calme, au 20 Spring Street. Si vous voulez m'écrire…

Prologue

Le manoir des Bascomb se dressait sur la colline, surplombant notre petite ville de Cloverdale. C'était une grande et vieille bâtisse en briques rouges, avec des voûtes sculptées comme de la dentelle, un porche digne de celui d'une église, et une tour – une vraie tour au toit pointu. Le parc, planté d'arbres centenaires, était envahi de mauvaises herbes et d'orties géantes, qui dissuadaient quiconque d'entrer…

Depuis la mort de Violetta Bascomb, veuve et dernière occupante des lieux, personne n'avait mis les pieds dans ce manoir. Dix ans au moins s'étaient ainsi écoulés ; dix années durant lesquelles la propriété, autrefois splendide, s'était peu à peu délabrée, laissée à l'abandon.

Les gens racontaient que des choses étranges se passaient au manoir des Bascomb : on y entendait des pleurs, des bruits bizarres... Ils disaient aussi que Violetta Bascomb avait succombé à une crise cardiaque, victime d'un maléfice lancé par le spectre d'un de ses lointains ancêtres : un parent, injustement emprisonné dans la tour, qui revenait hanter la maison certaines nuits de pleine lune. Réalité... ou légende ?

En tout cas, lorsque la famille Frederick a emménagé dans le manoir des Bascomb, tout le monde a été stupéfait. M. et Mme Frederick, agents immobiliers, et leurs deux enfants y habitaient désormais. Soit ils ignoraient les rumeurs courant sur leur maison, soit ils n'avaient pas peur des fantômes...

Ce qui est possible.

Après tout, moi, Ophélie Christer, je ne les crains pas plus qu'un rhume !

Du moins, c'est ce que je croyais jusque-là...

1

Super baby-sitter !

Tout a commencé un samedi soir, à la fin du mois de septembre. Le ciel était couvert, un vent glacial soufflait sur Cloverdale. Et je m'apprêtais à vivre ma première soirée de baby-sitting au manoir des Bascomb…

En effet, ma mère avait vanté mes mérites auprès de M. Frederick quand, dix jours après leur emménagement au manoir, sa femme et lui recherchaient une baby-sitter de toute urgence. Maman avait rencontré M. Frederick à la chorale, où elle joue de la flûte. Elle lui avait décrit mes extraordinaires qualités : ayant trois sœurs aînées, et trois sœurs plus jeunes, avait-elle expliqué, j'étais super débrouillarde, mûre, responsable... Bref, une perle ! Ils pouvaient me confier leurs enfants les yeux fermés... Et Mme Frederick m'avait aussitôt téléphoné.

Si ç'avait été n'importe qui d'autre, j'aurais refusé : du baby-sitting, j'en fais suffisamment chez moi. Je m'occupe sans arrêt de Viola, Helena, Juliette ; alors... Mais garder les enfants de M. et Mme Frederick dans ce vieux manoir hanté, génial !

Malgré tout, j'ai éprouvé une certaine appréhension lorsque je me suis retrouvée à dix-sept heures précises sous l'imposant porche. Un porche au bois gonflé par les intempéries, fendillé par endroits. Oh là là... J'avais presque l'impression de m'apprêter à franchir le seuil d'un sanctuaire inviolé* depuis une éternité... Qu'allais-je découvrir derrière la lourde porte ? Des gens normaux, ou une famille Addams ?

Prenant une profonde inspiration, j'ai soulevé et laissé retomber le heurtoir de cuivre. J'ai attendu quelques instants. Comme personne ne se manifestait, j'ai recommencé à

* Inviolé : intact ; jamais abîmé. J'adore les jolis mots, les mots rares...

frapper ; plus fort. L'épais battant s'est enfin ouvert en grinçant, et une femme blonde, vêtue d'une robe bleu pâle, et souriante, est apparue :

– Bonjour ! Tu es Ophélie, je parie !

Ouf ! Mme Frederick ne ressemblait pas du tout à Morticia ! J'ai souri à mon tour :

– Oui, Ophélie Christer.

– Ravie de te rencontrer. Je te préviens, mes deux petits monstres ne sont pas faciles ! a-t-elle enchaîné en m'invitant à entrer. Gwen a neuf ans, et Tommy, onze. Mais je sais que tu as plein de frères et sœurs, donc rien ne t'étonnera.

– Je n'ai que des sœurs, ai-je rectifié. Six. Trois plus grandes, et trois plus petites.

Mme Frederick a écarquillé les yeux :

– Pardon, j'avais oublié… Pourtant, ce n'est pas tous les jours qu'on rencontre une famille comme la tienne !

Vraiment, elle avait l'air sympa. Et très normale. Sa maison, en revanche…

J'ai jeté un coup d'œil circulaire dans le hall. Il ressemblait presque à celui d'un monastère, avec son haut plafond voûté, et ses murs tapissés de boiseries anciennes. Des boiseries qui portaient de nombreuses traces d'humidité, les unes blanchâtres, les autres verdâtres... Des champignons ? Allez savoir ! En tout cas, ça sentait le moisi. Devant moi, un grand escalier de bois conduisait aux étages : les marches étaient de guingois*, de même que la rampe. Cartons et valises s'entassaient çà et là, signe que la famille n'avait pas achevé son installation. Heureusement, des lampes aux abat-jour jaunes et vermillon diffusaient une lumière chaleureuse. Et un délicieux parfum de pop-corn grillé flottait dans l'air. Oui, des gens – et des enfants – habitaient bien là !

– Tu es déjà venue ici ? m'a demandé Mme Frederick, consciente de ma curiosité.

– Jamais.

– Eh bien, Gwen et Tommy te feront visiter !

Elle a levé la voix :

– Gwen ! Tommy ! Ophélie est arrivée !

En les attendant, Mme Frederick m'a posé quelques questions, les habituelles : « En-quelle-

* De guingois : de travers.

classe-es-tu ? », « Quelles-sont-tes-matières-préférées ? », etc. Elle a écouté mes réponses avec beaucoup d'intérêt, souriant à plusieurs reprises avec gentillesse. Ensuite, elle m'a exposé le menu du dîner : pizzas, salade, compote et biscuits.

– Mon mari et moi rentrerons vers vingt-deux heures, m'expliquait-elle quand Gwen et Tommy nous ont rejoints. Ah, mes chéris ! Vous savez que je dois retrouver votre père dans une demi-heure ? Dépêchez-vous !

Tommy tenait un bol de pop-corn (je ne m'étais pas trompée au sujet de l'odeur !). Brun, mince, presque maigre, il portait des lunettes rondes. Sa frange, trop longue, lui tombait dans les yeux, ce qui accentuait son air sérieux. Gwen avait les cheveux châtain clair, mi-longs, et des yeux noisette à l'expression pensive. Ni l'un ni l'autre ne souriait. En fait, ils ne semblaient pas très contents de me voir.

– Salut ! Je m'appelle Ophélie, ai-je annoncé d'un ton amical.

– Bonjour, ont-ils marmonné en même temps.

Après quoi, ils se sont plongés dans le silence. Apparemment, je les intimidais. Et ils ne devaient pas être rassurés. Étaient-ils au courant de ce qu'on racontait au sujet de leur maison ? Je me suis demandé si, comme moi, ils percevaient l'atmosphère d'abandon qui régnait encore chez eux. Une impression très bizarre. Quelque chose qui émanait des vieilles pierres, du silence…

Mais cela ne semblait pas du tout gêner Mme Frederick. Elle a consulté sa montre et glissé la bandoulière de son sac sur son épaule :

– Bon, vous ferez connaissance sans moi ! Je dois filer. Ophélie, il y a un four à micro-ondes dans la cuisine. Tu pourras l'utiliser pour réchauffer les pizzas. Quoi d'autre ? Ah oui, les numéros d'urgence : dans un carnet, à côté du téléphone. L'extincteur est derrière la porte de la cave. Autre chose ? Non, alors bonne soirée ! a-t-elle conclu, faisant les questions et les réponses.

La mine un peu désolée, elle a embrassé ses enfants, m'a adressé un petit signe de la main et s'est éclipsée.

– Salut, m'man, a grommelé Tommy en allant s'asseoir sur une marche d'escalier.

Poussant un léger soupir, Gwen s'est installée à côté de lui. Elle lui a piqué un peu de pop-corn et l'a croqué, le regard absent. Hmm… Ils avaient le moral à zéro, tous les deux. Surtout Tommy. J'ai tapé dans mes mains :

– Alors ? Vous me faites visiter votre belle maison ?

– Belle ? Vieille et horrible, ouais ! a commenté Tommy.

Gwen a haussé les épaules.

– Toi, arrête de râler ! Il a un caractère « grr-grr », a-t-elle ajouté à mon intention, une lueur malicieuse au fond des yeux. Je vais te faire visiter. D'abord, ma chambre ! Je te présenterai Kermit, mon poisson bleu.

– Super ! Tu l'as depuis longtemps, Kermit ?

Gwen a acquiescé :

– Je l'avais dans notre ancienne maison, près de New York. Une maison vraiment belle et moderne… Pas comme celle-là ! Papa avait peur que Kermit ne supporte pas le voyage, mais il va bien.

– Sparky aussi a bien supporté le voyage, a dit Tommy, la bouche pleine de pop-corn.

– Sparky, c'est notre chat, a expliqué Gwen.

– Il est comme moi, il déteste cette baraque, a bougonné Tommy. Depuis qu'on est arrivés, il est planqué sous le canapé.

Je lui ai souri :

– Il finira par s'habituer ! Les chats n'aiment pas les changements. Je le sais parce qu'on en a deux, chez nous : Kamou et Mouka.

– Ils ont des noms rigolos, tes chats ! Ils se battent ? a gaiement enchaîné Gwen. Un jour, un gros gris a attaqué Sparky. Même qu'il lui a arraché un bout d'oreille...

On a commencé à parler chats et, enfin, la glace a été rompue. Nous nous découvrions un point commun, Gwen, Tommy et moi ! On aimait bien les petits félins. Toutefois, Gwen se montrait plus volubile que son frère, qui gardait l'air renfrogné. Au bout d'un moment, Tommy s'est levé :

– À plus tard ! Je monte dans ma chambre.

– Ce qui signifie : « Je vais prendre racine devant ma console de jeux », m'a indiqué Gwen.

– Et alors ? a répliqué Tommy en la fusillant du regard. Ça te gêne ?

J'ai réprimé un sourire. À manier avec des pincettes, le petit Tommy !

– On dînera bientôt, ai-je annoncé. Rendez-vous dans une demi-heure, d'accord ?

Tommy n'a même pas daigné répondre.

– Ne t'inquiète pas, il est souvent comme ça, m'a confié Gwen avec une moue éloquente*. Tu veux toujours visiter la maison ?

Le manoir des Bascomb – des Frederick, devrais-je dire – possédait trois étages, comme ma maison. Sauf que, contrairement à mon domicile, il s'agissait de trois étages très, très spacieux. On s'y perdait !

Au rez-de-chaussée, j'ai découvert un immense salon et une grande salle à manger, avec des cheminées où on aurait pu faire rôtir un bœuf entier ! Seule la cuisine m'a paru de taille humaine... Et gaie, en plus, avec des petits carreaux jaunes et blancs sur les murs :

* Éloquente : qui parle d'elle-même, qui en dit long.

M. et Mme Frederick avaient déjà fait redécorer cette pièce, ai-je appris. Les deux étages comprenaient plusieurs chambres. Gwen et Tommy avaient chacun la leur, avec salle de bains personnelle, s'il vous plaît. Quelle chance ! Chez nous, il n'y a que deux salles de bains – inévitablement occupées quand on a besoin d'y aller.

J'ai aussi découvert que la vieille demeure recélait une quantité incroyable de placards secrets, de coins et recoins, de caches... Le royaume de la poussière et des araignées !

Et puis, au troisième étage, il y avait le grenier, qui donnait sur la fameuse tour.

La tour qu'on disait hantée.

J'ignorais toujours si Gwen était au courant des rumeurs, mais, prudente, je n'en ai pas soufflé mot. Inutile de l'alarmer pour rien.

– Ici, mes parents vont tout redécorer, a-t-elle déclaré alors qu'on se tenait sur le seuil d'un long corridor, faiblement éclairé par deux ampoules.

De part et d'autre de ce couloir, j'ai distingué plusieurs portes, toutes fermées. Et, au fond, une autre porte, celle qui menait sans doute à la tour. Un drôle de frisson m'a parcourue. Gwen a dû ressentir la même chose, car elle n'a pas bougé. De toute évidence, notre visite s'achevait là.

– Je crois que les travaux commencent lundi... Tant mieux ! C'est bête, mais je n'aime pas trop ce grenier, m'a-t-elle avoué avec un petit rire.

Je me suis contentée de hocher la tête. Si elle savait quelque chose, si elle avait entendu parler du fantôme, peut-être préférait-elle se taire... Pour ne pas m'effrayer !

– Et si on allait manger ? ai-je suggéré.

– Oui ! J'ai faim !

Nous sommes redescendues en courant et avons gagné la cuisine. Gwen a appelé Tommy, j'ai servi pizzas et salade... Et la soirée s'est déroulée sans problème. Après le dîner, on a joué au Monopoly. Puis, d'eux-mêmes, Gwen et Tommy sont partis se coucher de bonne heure. Ils étaient fatigués. Tant mieux ; moi aussi, j'étais éreintée !

Une fois seule, je me suis installée dans le

salon, j'ai pris un livre, et j'ai patiemment attendu le retour de M. et Mme Frederick. Ils sont arrivés à l'heure prévue, et je suis rentrée chez moi, un peu déçue… Car il ne s'était strictement rien passé. À un moment, j'avais cru entendre un bruit suspect, mais c'était juste Sparky, le chat, qui se grattait !

***

Lundi, au collège, tout le monde savait déjà que j'avais fait du baby-sitting au manoir. À la récré, j'étais une vedette ! C'est tout juste si on ne m'a pas demandé de signer des autographes. Emma et Zoé, mes deux meilleures amies, m'ont envoyé au moins dix e-mails pour que je leur raconte tout dans le moindre détail…

L'ennui, c'est que je n'avais pas grand-chose à raconter, puisqu'il ne s'était rien produit. Du moins, pas encore…

Lundi soir, Mme Frederick m'a de nouveau téléphoné : elle voulait que je garde Gwen et Tommy mardi, après l'école, pendant deux ou trois heures. J'avais hâte d'y être…

2

Un certain Graham Bascomb

Une vieille camionnette blanche et une voiture break rouge vif, portant l'inscription « Susan Duff, architecte d'intérieur », stationnaient devant le portail rouillé. Sous le porche du manoir étaient entreposés une échelle et plusieurs pots de peinture. « Ça y est, les travaux ont commencé », me suis-je dit en soulevant le heurtoir de cuivre. Mme Frederick m'a ouvert tout de suite, le combiné de téléphone calé entre l'oreille et l'épaule, un agenda dans la main. Elle m'a fait signe d'entrer.

– Non, monsieur, ce ne sera pas possible, déclarait-elle. Mon avocat se mettra en relation avec le vôtre… Non… Ophélie, j'en ai pour une minute, m'a-t-elle indiqué avec un bref sourire. Non, je parlais à ma baby-sitter…

Discrète, j'ai gagné la cuisine, où je pensais retrouver Gwen et Tommy. Mais j'y ai découvert quatre adultes : trois hommes en bleu de travail, et une jeune femme aux longs cheveux noirs, vêtue d'un tailleur rose très chic. À son allure, j'ai deviné qu'elle était l'architecte. J'ai lancé un bonjour un peu timide, auquel ils ont répondu gentiment. Mme Frederick nous a rejoints, toujours au téléphone, griffonnant quelque chose sur un calepin.

– Non, j'ignore tout des clauses du testament de Mme Bascomb, disait-elle à son interlocuteur. Et je vous répète que je ne peux pas vous recevoir en ce moment ! Écoutez, je suis vraiment navrée, mais je dois vous laisser. Oui…

L'air exaspéré, elle a coupé la communication. Se tournant vers ses visiteurs, elle s'est excusée, de nouveau souriante. Après quoi, elle s'est adressée à moi :

– Merci d'être aussi ponctuelle, Ophélie. J'ai rendez-vous dans vingt minutes, et je dois me dépêcher. Ah, oui, voici Susan Duff, la décoratrice qui se charge des rénovations de notre maison…

Bingo !

– … Et Loïc, Steve et Michael, qui travaillent avec elle, a-t-elle poursuivi. Vous vous rencontrerez sans doute plus d'une fois durant les prochaines semaines !

Ce qui signifiait qu'elle comptait faire appel à mes services à plusieurs reprises. Aucun problème, j'étais d'accord.

Mme Frederick a marqué une pause avant de reporter son attention sur Susan Duff :

– A-t-on tout passé en revue ?

– Il nous reste à voir la décoration des chambres des enfants, a déclaré l'architecte en désignant un plan étalé sur la table. Ainsi que l'agencement des lumières.

– Exact…

Mme Frederick a consulté sa montre, et elle a esquissé une moue.

– Mais nous en discuterons demain, a-t-elle ajouté, attrapant son sac et ses clés de voiture sur le comptoir. Au fait, Ophélie…

Elle m'a regardée avec une insistance surprenante :

– Si jamais le téléphone sonne, surtout, laisse le répondeur s'en occuper ! Sauf, bien sûr, si tu entends que c'est mon mari ou moi.

Dissimulant ma perplexité, je l'ai rassurée. Après son départ, je m'apprêtais à rejoindre Gwen et Tommy à l'étage quand mon regard est tombé sur le plan que Susan avait déroulé sur la table. Piquée par la curiosité, je m'en suis approchée, et j'ai admiré la précision des tracés et des dessins.

– Ça t'intéresse ? s'est enquise Susan.

– Oui… L'architecture est un métier génial !

La jeune femme a souri :

– C'est vrai ! En ce qui me concerne, je suis architecte d'intérieur. Je ne saurais pas construire une maison de la cave au grenier !

Le grenier, justement…

– Puisque vous en parlez, ai-je repris, est-ce que vous accepteriez de nous montrer comment vous allez transformer le grenier ? Enfin, si Gwen et Tommy en ont envie, bien sûr, et si ça ne vous dérange pas…

Susan m'a dévisagée, l'air étonné, avant d'ébaucher un nouveau sourire :

– Au contraire, j'en serai ravie. D'ici un quart d'heure ? Je viens vous chercher.

Je suis vite allée annoncer la nouvelle à Tommy.

– Merci, mais j'ai autre chose à faire, a-t-il déclaré sans quitter son écran des yeux.

Il était en plein jeu. On voyait des dragons, des langues de feu, des spirales étincelantes... Je me suis promis de demander à Mme Frederick si son fils avait le droit de rester scotché des heures durant devant sa console. Sinon, elle m'en aurait sûrement informée, mais me renseigner ne coûtait rien.

Gwen, elle, a aussitôt été enthousiaste.

– C'est super que tu aies demandé ça ! s'est-elle exclamée. Je n'aurais jamais osé... Le grenier sera la plus belle pièce de toute la maison ! Ils ont commencé les travaux ce matin, pendant qu'on était à l'école. Maman m'a dit qu'ils ont déjà cassé des murs.

– Donc, tu sais comment ce sera ?

– Je sais juste qu'il y aura une grande salle de

jeux, où on pourra inviter tous les copains à dormir ! m'a expliqué Gwen avec animation. Il y aura aussi un atelier pour maman... Parce qu'elle peint. C'est elle qui a fait ça, a-t-elle ajouté en me montrant un tableau suspendu au mur.

Suivant son regard, j'ai découvert une petite toile qui représentait des fleurs multicolores sur fond blanc. Simple, mais joli.

– Elle est douée, pas vrai ? a repris Gwen, toute fière. Et il y aura aussi un bureau-bibliothèque, où Tommy mettra son télescope. Maman espère que grâce à ça il aimera un peu plus notre nouvelle maison...

– Oui, parce que pour l'instant il...

À ce moment-là, le téléphone a sonné au rez-de-chaussée.

– J'y vais ! a lancé Gwen en se précipitant vers l'escalier.

– Attends, ta mère veut qu'on laisse sur répondeur ! l'ai-je prévenue en lui emboîtant le pas. On ne décroche que si c'est elle ou ton père !

L'appareil se trouvait sur un guéridon, à l'entrée du salon. Nous sommes arrivées juste à temps pour entendre le bip, puis une voix d'homme : « Bonjour. C'est encore Graham Bascomb. Pardonnez-moi de vous importuner de nouveau, mais j'ai parlé à mon avocat : il m'a confirmé que j'ai le droit d'inspecter les lieux. Je vous rappellerai afin que nous fixions un rendez-vous. »

Il y a eu un déclic, puis un autre bip. Étonnée, j'ai regardé Gwen :

– Il a bien dit « Bascomb » ? Bascomb, comme les anciens propriétaires ?

Gwen a haussé les épaules :

– C'était aussi le nom de maman, avant qu'elle épouse papa. Ce bonhomme doit faire partie de sa famille, mais on ne le connaît pas. Il appelle tous les jours ! a-t-elle ajouté d'un ton énervé. Il prétend que la maison devrait lui appartenir… Je parie qu'il essaie de nous la reprendre !

Je suis restée muette de surprise. Ainsi, les Frederick étaient apparentés aux Bascomb ! Très intéressant ! Maintenant, je comprenais pourquoi Mme Frederick ne voulait pas qu'on réponde au téléphone…

À cet instant, Susan Duff nous a rejointes, des plans roulés sous le bras :

– Vous voulez toujours visiter le grenier ?

Gwen et moi avons lancé un même « oui » retentissant.

– Alors, suivez-moi ! Justement, j'ai deux ou trois choses à vérifier là-haut…

3

Les sœurs s'en mêlent

Susan nous a précédées dans le vaste escalier. Elle a ouvert la porte menant au grenier et, là, elle s'est figée, stupéfaite :

– Ça alors ! Que s'est-il passé ?

Les sourcils froncés, elle s'est avancée lentement. Gwen et moi lui avons emboîté le pas… et ce que nous avons découvert nous a coupé le souffle. Non, ce n'était pas à cause du chantier en cours : ainsi que me l'avait dit Gwen, les ouvriers avaient abattu des murs, créant une pièce spacieuse…

Sauf que cette pièce semblait avoir été saccagée par un ouragan. Outils, planches et papiers avaient été jetés à terre ; des vis et des clous étaient éparpillés partout. Un pot de peinture jaune était renversé sur le sol...

– Regardez ! a lancé Gwen en désignant l'un des murs.

En grosses lettres tracées avec de la peinture rouge encore dégoulinante, quelqu'un avait écrit : « **PARTEZ VITE** »...

Susan a secoué la tête, abasourdie :

– Qui a bien pu faire ça ?

– C'est... bizarre ! a balbutié Gwen.

Je n'ai rien dit, mais mon cœur battait un peu trop vite. Oui, c'était très bizarre...

Susan s'est approchée d'une petite table dans un angle de la pièce, sur laquelle se trouvaient des documents.

– Oh, non ! Quel gâchis ! Mes plans sont tout tachés ! Je vais être obligée de les recommencer... Si je mets la main sur celui qui a fait ça... ! a-t-elle martelé en fixant Gwen.

– Ce n'est pas moi ! a protesté celle-ci. Je ne suis même pas venue ici ! Tommy non plus !

– Pardon... Je ne vous accuse pas, lui a assuré Susan en se radoucissant. Je me doute bien que ce n'est ni toi ni ton frère. Ni mes ouvriers, d'ailleurs. J'ai totalement confiance en eux. On a souvent travaillé ensemble. De toute façon, pourquoi voudraient-ils tout chambarder ? Ce sont eux qui vont devoir nettoyer !

Elle a hoché la tête :

– Maintenant que j'y pense, il s'est déjà produit des choses étranges, ici. L'autre jour, dans ce grenier, j'ai perdu mon stylo préféré, et un carnet où je note toutes mes idées de décoration !

– Un stylo et un carnet ? ai-je répété. Pourquoi vous les aurait-on volés ?

Susan a haussé les épaules :

– Mystère... D'après Michael, c'est le fantôme de la maison qui se manifeste. N'importe quoi ! Michael aime bien blaguer sur ce genre de sujet, a-t-elle poursuivi d'un ton moqueur. Tenez, l'autre jour, il m'a raconté qu'il a entendu une porte claquer, alors qu'il était tout seul. Et, en plus, il aurait l'impression qu'on le surveille !

J'ai frissonné. Michael devait être au courant des rumeurs sur le manoir. Peut-être voulait-il juste s'amuser un peu...

– Un fantôme ? s'est écriée Gwen. Ici ? Chez nous ?

– Allons, c'est une plaisanterie ! a affirmé Susan. Les fantômes n'existent pas !

Gwen m'a adressé un regard brillant d'enthousiasme :

– Dommage... Parce que j'adore les histoires de fantômes !

– Moi aussi ! me suis-je esclaffée.

– Pas moi, a déclaré Susan avec sévérité. Même si je commence vraiment à me poser des questions...

En tout cas, ma curiosité était piquée au vif. Il fallait que je découvre le pot aux roses ! Chic, quelque chose d'étrange se passait réellement dans cette vieille demeure... Et, chic, Gwen n'était pas une peureuse !

***

Comparée au manoir des Bascomb, notre maison – une ancienne ferme rénovée – paraît drôlement moderne. Tout comme l'église de Cloverdale, avec son vieux clocher et sa façade blanche ; et « Le Grenier de Mamie », le magasin d'antiquités situé à côté de la seule et unique supérette de la ville. J'en profite pour préciser que Cloverdale a beaucoup de charme. Des touristes viennent de New York, ou d'ailleurs, pour photographier notre petite bourgade : avec sa grande pelouse centrale, où on peut jouer au foot ou au base-ball, ses magnifiques villas et ses rues bordées d'arbres, Cloverdale évoque un havre de paix. Papa et maman répètent souvent qu'on a de la chance de vivre ici, parce que ce n'est pas pollué, c'est beau, et calme...

Calme ? Tout dépend pour qui !

Un peu plus tard ce mardi-là, j'ai retrouvé Miranda et Katherine à la maison. Miranda avait préparé des lasagnes, et on a vite mangé : j'avais oublié que notre sœur Helena disputait un match de soft-ball (c'est comme le base-ball, mais plus facile). On allait la soutenir, elle et les Cardinaux, son équipe.

Ça m'a fait du bien d'oublier un peu l'ambiance surréaliste qui régnait au manoir. J'adore regarder Helena jouer : une batte à la main, elle est super douée. En plus, les Cardinaux ont gagné. Comme d'hab ! Ensuite, toutes les quatre, on s'est offert une délicieuse glace. Là, impossible de résister : j'ai raconté ce qui se produisait chez les Frederick.

Miranda, qui travaille dans la police, m'a écoutée avec beaucoup d'attention. Si elle avait eu un carnet, elle aurait pris des notes !

– Et si c'était l'esprit maléfique des Bascomb qui se manifestait ? Vous savez, celui qui aurait provoqué la mort de la veuve Bascomb ? ai-je conclu.

Miranda a éclaté de rire :

– N'écoute pas ces racontars ridicules. Il n'y a pas plus de fantôme dans ton manoir que de haricots dans la crème Chantilly !

– Pff ! Seuls les imbéciles croient aux fantômes ! a renchéri Katherine d'un ton méprisant.

Je lui ai tiré la langue. Quelle crâneuse, celle-là ! Tout ça parce qu'elle a quatorze ans, et une chevelure dorée de princesse ! Elle a toujours l'air de sortir de chez le coiffeur… Moi, j'ai aussi les cheveux blonds, mais ils sont si épais que je n'arrive pas à les coiffer. Résultat, on me balance souvent que j'ai une tête de clown… Sympa !

Helena, elle, m'a prise au sérieux. Elle m'a regardée, les yeux brillants :

– Dis, Ophélie, tu l'as vu ? Comment il est, ce fantôme ?

Helena n'a pas peur des fantômes ; du moins, c'est ce qu'elle prétend. Quant à Katherine, je parie que, si elle affirme avec une telle virulence* que les fantômes n'existent pas, c'est parce qu'elle a trop la trouille ! Je me souviens qu'un jour, quand on était petites, en colonie, l'un de nos moniteurs nous a raconté l'histoire d'un spectre qui hantait une ville entière. Ensuite, Katherine n'a pas fermé l'œil de la nuit. Je le sais parce qu'on partageait la même chambre : elle se glissait dans mon lit, et ça me réveillait.

Moi, je ne crois pas vraiment aux fantômes. Je pense que chaque événement qui paraît surnaturel a une cause logique. C'est juste que j'adore avoir peur… Un peu, quoi.

* Virulence : force pleine d'obstination. Tout Katherine, ça...

– Je peux aller avec toi au manoir ? m'a demandé Helena. S'il y a un fantôme, à nous deux, on le trouvera !

– Je ne sais pas si…

– S'il te plaît ! En plus, Gwen est dans notre classe, à Viola et moi ! m'a appris Helena. Elle est très timide. Je parie qu'elle aimerait bien se faire des amis !

– N'insiste pas, Helena, est intervenue Miranda, assumant le rôle de la maman junior.

– Je n'insiste pas ! Je veux seulement…

– Helena ! a répété Miranda d'un ton ferme.

Mais l'idée avait déjà fait son chemin. Helena avait raison : Gwen serait sûrement contente de rencontrer Helena et Viola en dehors de l'école. Et Helena était dégourdie. Elle aimait résoudre les mystères autant que Viola et moi. Avec son aide, je réussirais plus facilement à découvrir ce qui se tramait au manoir…

J'ai souri à ma petite sœur :

– Je vais téléphoner à la mère de Gwen pour lui demander si je peux vous présenter, Viola et toi, à Gwen et Tommy. Si elle est d'accord, je vous emmène chez eux !

***

J'ai appelé Mme Frederick le soir même. Non seulement elle a été d'accord, mais elle m'a même suggéré d'inviter Helena et Viola pour le goûter le lendemain. Les enfants seraient sous ma responsabilité : elle profiterait de ma présence pour partir faire des courses. Aucun problème…

Si, pourtant : Viola rechignait*. Parce qu'elle a peur des fantômes. Et des inconnus, aussi. Physiquement, Viola et Helena se ressemblent comme deux gouttes d'eau – toutes les deux ont de beaux cheveux blond vénitien, et les yeux bleus –, mais leur caractère est si différent ! Helena est expansive et audacieuse ; Viola réservée et méfiante. Pour ne rien arranger, comme Helena est née huit minutes avant Viola, elle estime qu'elle est l'aînée !

Cette fois encore, Helena a usé de son pouvoir d'« aînée » afin de convaincre Viola de nous accompagner au manoir. Je crois devi-

* Rechigner : hésiter, ne pas être enthousiaste.

ner pourquoi : d'après les livres spécialisés, un fantôme sent les personnes qui le craignent. La peur l'attire… et il se dévoile. Alors, on a – peut-être – une chance de le piéger…

4

Le mouchoir mystérieux

Le lendemain, Viola, Helena, Gwen, Tommy et moi nous sommes retrouvés à la sortie de l'école. Directe comme toujours, Helena avait abordé Gwen et Tommy à la récré, pour leur parler de notre idée. Bien sûr, ils étaient déjà au courant : leur mère les avait prévenus.

Contrairement à Tommy, Gwen affichait un sourire amical. J'ai vite compris que son frère ne s'intéressait ni à mes sœurs, ni au mystérieux grenier de sa maison.

– Coucou ! s'est exclamée Helena. Gwen et Tommy sont hyper contents de nous faire visiter leur fantastique maison !

– Fantastique ? a répété Viola du bout des

lèvres. Qu'est-ce qu'elle a de fantastique ?

– Je me le demande, moi aussi, a marmonné Tommy.

J'ai failli éclater de rire. Eux, au moins, ils s'étaient trouvés ! Ils étaient aussi ronchons l'un que l'autre.

D'abord, on a fait une halte à la bibliothèque : Viola avait des livres à rendre. J'en ai profité pour en emprunter plusieurs sur les revenants et autres phénomènes surnaturels. Au guichet, Helena, Gwen et moi avons retenu un fou rire un peu nerveux : toutes les trois, on avait choisi des ouvrages sur les fantômes ! Tommy, lui, avait pris une bande dessinée. Typique !

On a enfourché nos vélos, mis nos casques, et hop ! direction le manoir. Même si la route grimpait jusqu'en haut de la colline, on pédalait tous vite. Sauf Viola. La pauvre... Mais, convaincue par Helena, elle suivait le mouvement tant bien que mal. Elle est ainsi, Viola : une fois décidée, elle ne change plus d'avis.

La maison de Gwen et Tommy était vide. Il n'y avait ni leurs parents, ni Susan et les ouvriers. Un silence total y régnait. On a gagné la cuisine, et j'ai préparé le goûter : lait, tartines de chocolat fondu et jus de fruit. À ma grande surprise, Gwen et Viola n'ont pas cessé de bavarder ensemble : apparemment, elles partageaient la même passion pour la littérature romantique. Génial ! Gwen a fini par proposer à Viola de l'accompagner dans sa chambre pour lui montrer sa bibliothèque. Tommy est parti s'installer aux manettes de sa console de jeux. Moi, je suis restée avec Helena.

– On visite ? a-t-elle demandé avec impatience.

Je lui ai adressé un sourire complice avant de passer la tête dans le hall et de crier :

– Gwen, je peux emmener Helena au grenier ?

Réponse affirmative, bien sûr. Helena s'est levée d'un bond. Dès qu'il y a un mystère dans l'air, elle ronge son frein, ma petite sœur. Encore plus que moi.

– Une minute, je dois d'abord débarrasser la table ! lui ai-je fait remarquer en riant.

Du coup, elle m'a aidée.

Après quoi, on est montées jusqu'au troisième

étage. La porte du grenier était restée entrebâillée. J'éprouvais une légère appréhension, mais je l'ai poussée sans hésiter. La pièce principale se trouvait dans le même état que la veille : sens dessus dessous.

– Waouh ! Quel bazar ! s'est exclamée Helena.

Elle s'est avancée, examinant tout avec attention : les fenêtres aux carreaux poussiéreux de la grande salle, les pans de murs démolis, soigneusement entassés dans un coin par les ouvriers, et les trois portes restantes : celle du fond, qui menait à la tour, ainsi que les deux autres, séparées par un mur, qui conduisaient à deux pièces que je rêvais d'explorer.

– Qu'est-ce qu'ils vont faire, ici ?

– Une salle de jeux, je crois. Avant, il y avait un long couloir au milieu et plein de chambres fermées.

Helena a esquissé une drôle de grimace. Puis elle a désigné la porte qui donnait sur la tour :

– On va voir ?

– D'ac' !

Je suis passée devant elle, et me suis approchée. Au moment où j'ai touché la poignée, ma gorge est devenue sèche. Et si...

Mais la porte était fermée à clé. Dans un sens, ça m'a soulagée, même si pour rien au monde je ne l'aurais avoué à Helena.

– Et là ? Qu'est-ce que c'est ? a-t-elle demandé en pointant du doigt les autres portes.

– Je ne sais pas. Pour aller voir, je préfère qu'on soit avec Gwen, ai-je ajouté, raisonnable.

– Oui, on n'est pas chez nous...

Cependant, à son expression, j'ai senti qu'elle regrettait de ne pas avoir le champ libre ! Silencieusement, on a examiné la vaste pièce. Il y flottait une odeur de peinture fraîche.

– C'est là que les mots étaient inscrits, ai-je dit, désignant un mur à présent propre.

L'avertissement avait été recouvert par une couche de blanc. Et il n'y avait plus un seul document appartenant à Susan. Par prudence, l'architecte avait dû tout emporter.

– Tiens, c'est quoi, ça ?

Helena s'est penchée pour ramasser un petit carré de tissu.

– Montre…

Elle me l'a tendu. C'était un mouchoir blanc, un vieux mouchoir aux contours brodés de fleurs. Le tissu avait jauni, les couleurs étaient passées. Bien que faite à la main, la broderie demeurait parfaite, bien serrée, régulière. Si régulière qu'on aurait pu croire les fils tissés par une machine.

– Regarde, a murmuré Helena en me montrant un coin du mouchoir. On dirait des initiales !

– C'est vrai !

À cet endroit, la trame* était abîmée, mais on distinguait des lettres.

– *A. B.*, ai-je lu à voix haute. Il a peut-être appartenu à quelqu'un de la famille Bascomb !

– Un ancêtre, sûrement… C'est bizarre de trouver ce mouchoir par terre ! a ajouté Helena.

On s'est regardées en silence. Bizarre, oui… À cet instant, on a perçu des pas dans l'escalier. On s'est immobilisées, gagnées par la même appréhension.

---

* Trame : le tissage de fils qui créent le mouchoir. On parle aussi de la trame d'une histoire…

– Hou ! Vous avez vu un fantôme, ou quoi ? s'est esclaffée Gwen en pénétrant dans la pièce, suivie par Viola.

Viola était un peu pâle. Mieux valait ne pas l'inquiéter davantage…

– On visitait, c'est tout, ai-je répondu, essayant de dissimuler le tissu dans ma main.

Trop tard. Gwen l'avait remarqué :

– Qu'est-ce que c'est ?

– Juste un vieux mouchoir.

– Attends ! Il porte des initiales ! s'est écriée Gwen.

Elle s'en est emparée :

– *«A. B. »… B* comme Bascomb ! Le fantôme des Bascomb, je parie !

Helena, Viola et moi, on a échangé un regard. Viola est devenue encore plus pâle. Gwen et Helena trahissaient la même excitation.

– Michael – vous savez, le menuisier qui travaille avec Susan Duff –, eh bien, il m'a raconté qu'un fantôme habite ici ! a poursuivi Gwen, tout excitée. Même qu'il serait en colère, parce qu'il aurait été emprisonné dans la tour de notre maison !

Donc, elle était au courant ! J'ai vu Viola avaler péniblement sa salive.

Je me suis approchée d'elle.

– N'aie pas peur, petite sœur, ai-je murmuré. On s'amuse !

Au même instant, la porte a claqué.

La porte qui menait à la tour… celle qui était *fermée à clé*.

En fait, la porte s'est d'abord ouverte en grand, toute seule, puis elle s'est refermée avec fracas.

Viola m'a agrippé la main.

– C'était quoi ? a-t-elle balbutié.

– Je ne sais pas…

Helena était restée bouche bée ; Gwen semblait transformée en statue. En une fraction de seconde, toutes deux ont pivoté sur leurs talons et se sont ruées vers les escaliers. Sans lâcher la main de Viola, je les ai suivies, la gorge sèche.

On a dévalé les marches jusqu'au rez-de-chaussée, puis couru dehors. À mon avis, on avait toutes la même idée en tête : il fallait qu'on sorte de cette maison, et vite ! Toutes les quatre, nous avions vu et entendu la même chose...

Une chose inexplicable.

Hors d'haleine, on s'est réfugiées sous un grand arbre au feuillage roussi par l'automne.

– Cette... cette porte ! a bredouillé Gwen. Elle a claqué...

– ... toute seule ! a enchaîné Helena.

– Elle a vraiment claqué toute seule, a renchéri Viola d'une voix étranglée par la peur.

Cette peur, nous l'éprouvions toutes. Une peur qui nous paralysait, nous glaçait... et qui n'avait plus rien de drôle !

Brusquement, je me suis ressaisie : en tant que baby-sitter, je devais reprendre le contrôle de la situation, calmer Gwen et mes sœurs.

– Écoutez, les filles, il y a forcément une explication, ai-je affirmé. On va la trouver, d'accord ? En attendant, profitons du beau temps ! Et si...

J'ai regardé autour de moi, cherchant frénétiquement une idée.

– Et si on ramassait des feuilles, pour créer

des décorations ? On les défroissera, on les collera en forme de guirlande...

Pas terrible comme suggestion, mais ça a marché. Je crois que Gwen et les jumelles étaient prêtes à tout pour oublier ce qui venait de se passer !

Quant à moi, j'étais prête à tout pour découvrir le fin mot de l'histoire.

5

Fantôme, gare à toi !

Jeudi, au collège, je n'ai pas pu m'empêcher de tout raconter à Emma et Zoé. Elles ne sont pas mes meilleures amies pour rien... Elles m'ont promis d'effectuer des recherches de leur côté. C'était gentil de leur part, mais je doutais qu'elles découvrent quoi que ce soit. C'était au manoir, et plus précisément au grenier du manoir, que se trouvait la clé du mystère, pas ailleurs.

Par chance, Mme Frederick comptait sur moi pour garder Gwen et Tommy vendredi soir. J'avais hâte... Décidément, je gagnais de l'argent de poche dans des conditions exceptionnellement passionnantes ! J'espérais juste que ma mère n'apprendrait pas ce qui se déroulait chez les Frederick. D'autant que le jeudi soir elle retrouvait M. Frederick à la chorale. Pourvu que Gwen n'ait rien confié à son père… et que son père ne dise rien à ma mère ! Maman ne croit pas aux fantômes, évidemment. Mais, vu les circonstances, je me demandais si elle accepterait toujours que je sois la baby-sitter de la famille Frederick, et que Viola et Helena m'accompagnent…

Quoi qu'il en soit, je ne pensais plus qu'à une chose : retourner au plus vite dans la vieille maison. Comme Helena, d'ailleurs. Ce soir-là, elle a fait irruption dans la salle de bains alors que j'étais en train de couper ma frange devant le miroir.

– On a un super plan pour demain ! m'a-t-elle annoncé.

– Qui ça, « on » ?

– Gwen, Viola et moi. Le grenier, tu sais ? Eh bien, il faut qu'on sache ce qu'il s'y passe ! Pour de bon ! On a décidé de fouiller toutes les pièces…

J'en ai laissé tomber mes ciseaux :

– Viola aussi ? Elle n'a plus peur ?

– Si, mais elle veut comprendre !

Je me suis mise à rire :

– Bon... Si vous voulez venir demain avec moi au manoir, il faudra que je demande la permission à Mme Frederick.

– Inutile, Gwen l'a déjà fait, a répliqué Helena. On est même invitées à dîner.

Incroyable !

– Et Viola est vraiment d'accord ? ai-je insisté.

– Plus ou moins. Elle a peur, et en même temps envie de savoir ! a affirmé ma petite sœur avec une moue malicieuse.

L'aventure qui nous attendait m'a tellement enthousiasmée que j'ai oublié d'égaliser les mèches de ma frange !

***

Vendredi en fin d'après-midi, j'ai retrouvé Gwen, Tommy, Helena et Viola devant la bibliothèque du collège. Sans perdre une minute, on a enfourché nos vélos et pédalé jusqu'en haut de la colline de Cloverdale. Au sommet, le manoir se dressait, impressionnant.

Cette fois, seul Tommy traînait. Décidément, la chasse au fantôme ne l'intéressait toujours pas ! Quand nous sommes arrivés, il a pris une canette de jus de fruit dans le réfrigérateur et s'est enfermé dans sa chambre. Il préférait ses jeux vidéo ! Gwen, les jumelles et moi nous sommes réunies autour de la table de la cuisine. J'avais préparé des sandwiches au fromage, mais personne ne mangeait. Normal : Gwen avait apporté un dessin qui accaparait toute notre attention. Sur une grande feuille, elle avait représenté le grenier, et tout ce qui y serait aménagé par Susan Duff et son équipe : l'atelier, le bureau-bibliothèque, une grande cheminée et la salle de jeux. Elle avait aussi marqué plusieurs endroits d'une croix.

– En fait, j'ai recopié les plans de Susan, nous a-t-elle expliqué. J'ai mis des croix là où se sont produits tous les trucs bizarres : l'avertissement sur le mur, le mouchoir trouvé par terre, les objets volés à Susan, la porte qui a claqué...

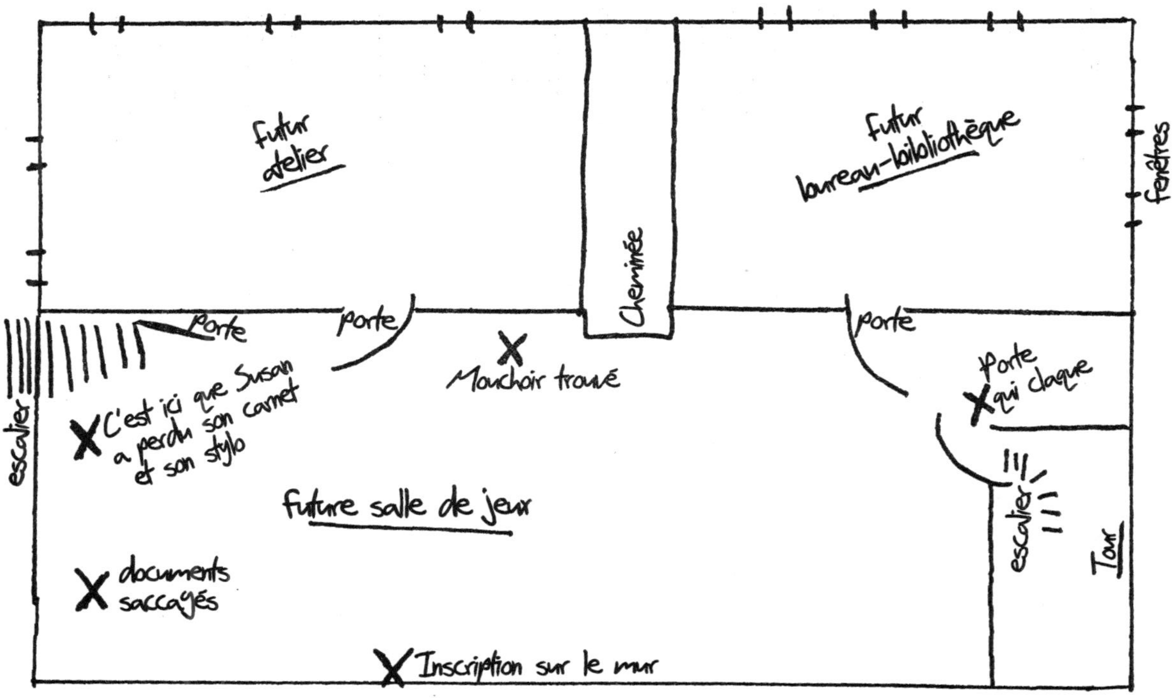
futur atelier
futur bureau-bibliothèque
fenêtres
Cheminée
porte
porte
porte
Mouchoir trouvé
porte qui claque
escalier
C'est ici que Susan a perdu son carnet et son stylo
future salle de jeux
escalier
Tour
documents saccagés
Inscription sur le mur

Helena a poussé un petit soupir :

– C'est chouette, ce que tu as fait, Gwen. Mais moi, j'aimerais découvrir les lieux pour de bon ! On monte ?

– Impossible, ai-je rétorqué. Tu n'as pas remarqué la camionnette devant le portail ? Les ouvriers travaillent en haut. Il faut attendre qu'ils aient fini.

En effet, des coups de marteau résonnaient depuis le grenier.

– Tu vois, ils sont occupés. On les gênerait.

Helena a croisé les bras.

– OK, j'attends. Patiemment, a-t-elle précisé en tapotant du pied le carrelage de la cuisine.

Viola continuait à examiner le dessin de Gwen. Moi aussi, mais, comme Helena, j'avais du mal à contenir mon impatience…

– Gwen, et si on montait quand même ? a-t-elle insisté. Tu m'as dit que les ouvriers travaillent dans la grande salle… Du coup, on pourrait visiter les autres pièces ! Celles qui seront transformées en atelier et en bureau-bibliothèque !

– Les deux chambres, a confirmé Gwen.

Elle m'a regardée, comme guettant mon approbation :

– Dedans, c'est le bazar total ! Mes parents y ont entassé tout le fouillis qui se trouvait dans le grenier quand on a emménagé. Je crois qu'il y a énormément de choses à jeter. Maman veut d'abord tout trier, au cas où il y aurait des souvenirs de famille…

– Et peut-être des indices, ai-je complété. Quelque chose qui expliquerait ce qui s'est passé l'autre jour, qui sait… Seulement, s'il y a Michael et les autres ouvriers, on risque de les déranger…

À ce moment-là, le téléphone a sonné.

– On ne répond pas ! a déclaré Gwen. C'est sûrement lui.

– Qui ça ? a interrogé Helena.

– Chut ! ai-je ordonné, levant la main.

On a tendu l'oreille. Dans le salon, le répondeur s'est enclenché, et la voix de Graham Bascomb a retenti : « Bonjour. C'est encore Graham Bascomb. Je vous rappelle pour qu'on prenne rendez-vous. Et j'appellerai jusqu'à ce que l'on fixe une date ! Alors, vous feriez mieux de me répondre, vous ne croyez pas ? »

Bip. Il avait raccroché. Sèchement.

– Bascomb ? Il a bien dit « Bascomb» ? a soufflé Viola.

– Oui. Ce bonhomme fait partie de la famille de ma mère, a expliqué Gwen. Il veut récupérer la maison !

Viola a écarquillé les yeux :

– C'est vrai ? Et il habite où, ce monsieur ?

– Aucune idée.

– Eh bien, on peut le savoir ! a affirmé Viola.

Elle s'est levée d'un bond. Intriguée, je lui ai emboîté le pas. Repérant le téléphone, Viola a décroché le combiné et composé un numéro. Elle a écouté un moment, et griffonné quelque chose sur le carnet posé à côté de l'appareil. Puis elle est retournée dans la cuisine :

– Il est dans le coin.

– Comment le sais-tu ? me suis-je exclamée.

– Facile ! Il y a un service qui permet de connaître le numéro de la personne qui vient de t'appeler. Maman s'en sert souvent.

Je lui ai pris le carnet des mains : le numéro qu'elle avait inscrit comprenait le même code régional que le nôtre. Et les trois chiffres suivants étaient les mêmes que ceux du numéro d'Olivia, notre grande sœur… qui vivait à Burlington, la ville voisine. Donc, Graham Bascomb appelait depuis Burlington.

– Bravo, Viola ! Grâce à toi, on sait que Graham Bascomb est à Burlington. Sauf qu'on aurait dû avoir l'autorisation de Mme Frederick pour appeler ce service… Ça doit être payant !

– Ne t'inquiète pas, maman sera contente de savoir où on peut trouver ce type, m'a assuré Gwen. Il nous embête trop !

Helena a froncé les sourcils :

– Dites, on va parler de ce bonhomme pendant un siècle, ou on monte au grenier ?

– On monte ! a déclaré Gwen en se levant aussitôt.

Je me suis tournée vers Viola :

– Tu veux venir ?

– Oui…

– Tu es sûre ? Tu n'auras pas peur ?

Viola a haussé les épaules. Puis, me reprenant le carnet, elle a arraché la feuille de papier sur laquelle elle avait inscrit le numéro de Graham Bascomb, et l'a glissée dans sa poche.

6

Le journal d'Abigail

Michael, Steve et Loïc travaillaient dans la grande pièce du grenier. Ils avaient ouvert la fenêtre, et l'atmosphère semblait déjà plus lumineuse, plus rassurante.

– Bonjour, jeunes filles ! a lancé Michael. Vous aussi, vous venez chasser le fantôme ?

J'ai eu du mal à garder un visage calme... Gwen, elle, n'a pas sourcillé :

– Euh... On vient juste faire un peu de tri dans les chambres. Qu'est-ce que vous voulez dire, par nous « aussi » ?

– Eh bien, tout à l'heure, Tommy s'y est enfermé un bon moment. Et comme on sait qu'il y a un fantôme, chez vous...

– Ah oui ? Vous l'avez rencontré ? ai-je fait sur le ton de la plaisanterie.

– On a même bu un café ensemble, a répondu Michael en se penchant pour ramasser un clou par terre.

Personne n'a ri, sauf lui. Viola avait un peu pâli. Près d'une fenêtre, Loïc et Steve prenaient des mesures sans se soucier de notre présence.

– Bon… À tout à l'heure, a lancé Gwen en se dirigeant vers la première chambre.

Mes sœurs et moi l'avons suivie. Gwen a ouvert la porte, jeté un coup d'œil à l'intérieur :

– C'est encore pire que ce que j'imaginais… Quelle pagaille !

M'approchant, j'ai constaté qu'elle n'exagérait pas. La pièce, plutôt petite, était plongée dans une semi-obscurité ; la seule lumière provenait d'une fenêtre aux carreaux noirs de saleté. On apercevait, entassés un peu partout, de vieux meubles, des cartons, des boîtes, des valises et des papiers poussiéreux… Il y régnait une forte odeur d'humidité et de moisi.

– Mmm… Un endroit de rêve pour un fantôme ! a commenté Helena.

Je n'ai pas soufflé mot ; Viola non plus.

– Alors ? Vous êtes toujours partantes ? a demandé Gwen.

Helena et moi avons fait signe que oui, Viola n'a pas bronché. L'observant à la dérobée, j'ai remarqué qu'elle était toujours un peu pâle. Pourvu qu'elle n'ait pas trop peur…

Gwen est entrée la première, lentement, comme si elle craignait de déranger quelqu'un. Nous l'avons suivie, et j'ai refermé derrière moi. Chacun de nos pas soulevait un nuage de poussière. En silence, on a regardé autour de nous. L'atmosphère était étouffante. Si seulement on avait pu ouvrir la fenêtre ! Mais les épaisses toiles d'araignées qui s'y accrochaient nous en ont dissuadées…

– Je ne suis pas sûre d'avoir vraiment envie de…, a commencé Gwen.

À cet instant, un tableau est tombé par terre. On a toutes sursauté.

– Vous avez vu ? a chuchoté Helena, en le désignant du doigt. Il a dégringolé tout seul ! Dans les livres, on dit que c'est la preuve qu'il y a un fantôme…

– Quoi ? a balbutié Viola.

– Ne l'écoute pas, lui ai-je conseillé d'un ton de grande sœur raisonnable, alors que mon cœur battait à mille à l'heure. Ce tableau s'est décroché à cause des vibrations de nos pas !

– Ça m'étonnerait, a répliqué Helena à voix basse.

On a continué d'avancer, nous frayant un passage dans l'enchevêtrement de mobilier à l'abandon. Heurtant un ancien mannequin de couturier, j'ai réprimé un frisson.

– Waouh ! Regardez ! a dit Helena, surexcitée. Un trésor, c'est sûr !

Elle s'est agenouillée devant une grande malle au fermoir de cuivre, dont le cuir sombre était recouvert d'une impressionnante couche de poussière. Sans hésiter, elle a soulevé le fermoir ; le couvercle s'est ouvert d'un coup. Un même murmure de surprise nous a alors échappé. Oubliant tout le reste, nous nous sommes approchées…

La malle était pleine de vêtements féminins, de très vieux vêtements. Des robes, des jupes, des jupons… Délicatement, Helena a extirpé une robe longue, violette, au corsage bordé de dentelle jaunie par le temps.

– Je me demande à qui elle appartenait...

– Sûrement à la personne qui a écrit ça, a répondu Viola d'une voix calme.

Elle a brandi un carnet relié de cuir qui portait une inscription en lettres dorées, à moitié effacées : « *Journal intime* ». Sous les doigts de ma sœur, la reliure a craqué légèrement, comme si elle se fendillait.

– Tu crois qu'on peut le lire ? a-t-elle soufflé en me regardant.

– C'est à Gwen qu'il faut le demander...

Gwen est restée muette quelques secondes. Puis elle a hoché la tête :

– Montre !

Viola lui a tendu le livret. Avec précaution, Gwen l'a ouvert à la première page.

– « Voici mon journal pour l'année 1877 », a-t-elle lu à voix haute. « Moi, Abigail Bascomb, quinze ans, je... »

Elle s'est interrompue, visiblement troublée :

– Cette fille devait vivre dans cette maison quand elle a écrit ça ! Non, ce ne serait pas bien de le lire, a-t-elle poursuivi avec une grimace.

– Pourquoi ? a répliqué Helena. Elle est morte depuis longtemps !

– Oui, mais c'est son journal intime, a objecté Gwen. Tu voudrais que quelqu'un lise ton journal après ta mort, toi ?

Helena a haussé les épaules :

– Ça me serait égal. En plus, je n'écris que des trucs du genre : « Je suis allée à l'école, j'ai joué au tennis, j'ai gagné, j'ai mangé ça et ça au dîner… » Pas très passionnant !

– Mais on ne sait pas ce qu'Abigail a écrit, a souligné Gwen en serrant le carnet contre sa poitrine.

– Je suis d'accord avec Helena, a déclaré Viola.

Gwen s'est tournée vers elle :

– Pourquoi ?

– Parce que, même si c'est un journal intime, la personne qui l'a écrit l'a laissé dans cette malle : peut-être parce qu'elle espérait qu'un jour quelqu'un le trouverait et le lirait. Et puis, on peut aussi jurer de ne jamais trahir ses secrets.

– Jurer ? Jurer pour de bon ? s'est étonnée Gwen.

– Pour de bon. On peut promettre qu'on ne dévoilera jamais ce qu'on va découvrir, a insisté ma petite sœur.

À son tour, elle prenait cette enquête très au sérieux ! Gwen m'a interrogée du regard. Je lui ai souri :

– Je te comprends, mais je suis du même avis que Viola.

– Donc, je suis la seule à penser qu'on ne devrait pas le lire, a murmuré Gwen.

Elle a refermé la malle et s'est assise dessus.

– Gwen, c'est toi qui décides, ai-je affirmé. Après tout, c'est ta maison. C'est ton grenier. Ce journal appartient à ta famille…

J'ai retenu mon souffle, tout comme Helena et Viola. On avait tellement envie de savoir ce que la mystérieuse jeune fille avait consigné dans ces pages !

Ce devait être pareil pour Gwen, car elle a fini par soupirer :

– D'accord. Mais, avant, on jure.

Elle a levé la main, et on l'a imitée.

– Je jure…

– Je jure…, avons-nous répété, mes sœurs et moi, d'un ton solennel.

Gwen a hésité, ne sachant pas quoi ajouter.

– … de ne jamais divulguer les secrets confiés à ce journal, a suggéré Helena.

Gwen a acquiescé d'un signe de tête, et elle a répété les paroles d'Helena. On a fait de même. Après quoi, Gwen a longuement contemplé le vieux carnet de cuir. Puis elle a pris une profonde inspiration et me l'a tendu :

– À toi de lire…

– Tu es sûre ?

– Sûre et certaine.

7

Inquiétantes confidences

Gwen s'est poussée pour que je puisse m'asseoir sur la malle, à côté d'elle. Helena et Viola se sont penchées vers moi. Comme il n'y avait pas beaucoup de lumière, j'avais du mal à déchiffrer l'encre pâlie par le temps. Doucement, pour ne pas déchirer le fin feuillet, j'ai tourné la première page, et ai lu à voix haute :

1er janvier 1877

Hier soir, il a neigé. Père ne m'a pas autorisée à sortir. Hélas ! J'aime tant la nature sous la neige ! Aussi ai-je désobéi : cette nuit, je suis sortie en cachette. Mère s'en est aperçue, et a été furieuse : elle m'a dit que j'aurais pu attraper une pneumonie. En vérité, mes parents estiment que, quel que soit le temps, une jeune fille doit rester à l'intérieur, et coudre, ou préparer à manger… Seulement, je déteste faire la cuisine ; je déteste coudre ! Alors, j'écris parce que je m'ennuie trop…

– Je comprends ce qu'elle ressentait ! a murmuré Viola. Après Noël, l'an dernier, il a beaucoup neigé, et maman m'a obligée à rester à la maison, et à faire mes devoirs !

– Cette Abigail a l'air d'être comme nous, a ajouté Helena. On pourrait être amies !

Ma sœur avait raison. La sensation était étrange… et même un peu effrayante.

– Continue ! m'a demandé Gwen.

J'ai tourné la deuxième page :

2 janvier

Il neige encore. Évidemment, je suis contrainte de passer la journée à la maison, à broder. Je déteste mon ouvrage. J'envie cousin Samuel, qui a le droit de sortir, lui… Comme je m'ennuie entre ces quatre murs !

Si seulement Père pouvait me permettre ne serait-ce qu'une petite promenade... Pourquoi craint-il tellement pour ma santé ? Pourquoi est-il persuadé que je tomberai malade à cause du froid ?

– C'est triste ! a murmuré Gwen.

– Oui... Mais, à l'époque, les filles n'avaient pas le droit de faire ce qu'elles voulaient, ai-je commenté.

– Peut-être qu'elle a pu convaincre sa mère de la laisser sortir quand même ? est intervenue Viola.

– Oui ! Lis ! m'a encouragée Gwen.

J'ai feuilleté le carnet, choisissant une page au hasard :

16 mai

J'ai refusé de me coiffer en chignon, bien que Mère ait fortement insisté. Je me demande pourquoi il faut que j'abandonne mes tresses... C'est tellement plus pratique ! Je natte mes cheveux depuis si longtemps ! Père a également insisté pour que je me fasse un chignon. Je ne veux pas ! Je ne veux pas ! Je déteste cette coiffure !

Je me suis interrompue :

– C'était une vraie rebelle !

– Lis encore ! a insisté Viola. Regarde ce qu'elle a écrit un peu plus tard, en été, tiens...

Délicatement, j'ai tourné plusieurs pages et me suis arrêtée vers la moitié du carnet :

– Le 18 juillet, elle note qu'elle est sortie en cachette à l'aube, pour danser... pieds nus dans l'herbe ! Elle dit qu'elle a adoré sentir le vent dans ses cheveux, humer les fleurs, et que personne ne l'a vue...

– J'espère, sinon elle aurait été punie ! m'a coupée Viola d'un ton alarmé.

– Elle l'a été, ai-je déclaré, lisant quelques lignes plus loin. Abigail a même été sévèrement punie... Elle a été envoyée dans sa chambre sans manger !

En silence, j'ai feuilleté plusieurs pages, les parcourant en diagonale. Et ce que j'ai appris m'a donné la chair de poule.

À partir du mois de juillet 1877, Abigail

Bascomb n'écrivait plus que des appels au secours. En fait, ses parents l'avaient obligée à rester dans ce grenier jusqu'à ses seize ans... Une grosse boule s'est formée dans ma gorge. Comment révéler cette affreuse vérité à Gwen et à mes petites sœurs ?

– Abigail ne se comportait pas comme les autres filles de son âge, ai-je commencé, hésitante. Je... je pense que ses parents ont cru qu'elle souffrait de problèmes psychologiques...

– Ah oui ? Alors, ils l'ont envoyée consulter un psychiatre ? a demandé Gwen.

J'ai réprimé un sourire :

– Non... Tu sais, ça n'existait pas, dans ce temps-là !

Un lourd silence s'est installé parmi nous quelques secondes. Puis Gwen a insisté pour que je poursuive ma lecture. Je me suis éclairci la voix :

15 octobre

Père prétend que j'ai de la chance. D'autres filles auraient été envoyées à l'asile si elles s'étaient conduites comme moi. Moi, j'ai le droit de rester à la maison. Seulement, je dois me cacher au grenier. Je ne dois plus me montrer afin de ne pas choquer les voisins, la femme du pasteur, ou tous ceux qui viendraient nous rendre visite...

– Un asile ? s'est indignée Helena. Parce qu'elle a dansé dehors pieds nus ?

– C'est quoi, un asile ? a voulu savoir Gwen.

– Un hôpital pour malades mentaux, ai-je répondu.

– Mais Abigail n'était pas folle ! a protesté Helena. Et pourquoi aurait-elle choqué les voisins ?

J'ai soupiré :

– Parce qu'elle n'était pas comme les autres filles, Helena. Elle voulait être libre, sortir... Et au XIXe siècle, pour une fille, c'était impensable ! Comme elle a désobéi aux ordres, ça a beaucoup inquiété ses parents, ses voisins, la femme du pasteur... En plus, elle vivait ici, à Cloverdale, une petite ville où tout le monde sait ce que font les autres ! Et, si les gens s'étaient mis à raconter qu'Abigail était anormale, ça aurait été insupportable pour ses parents. Ils ont dû penser à leur réputation, ce genre de chose…

Viola, Helena et Gwen m'ont regardée avec la même expression, à la fois perplexe et scandalisée.

– Alors ? Que lui est-il arrivé après ? a demandé Gwen.

À présent, je ne pouvais plus reculer. Plus bouleversée que je ne souhaitais le montrer, j'ai repris ma lecture :

3 novembre

Je me sens affreusement seule, je m'ennuie tellement… Je crois que je vais perdre la tête pour de bon, afin de donner raison à Père et Mère… Ce grenier me paraît chaque jour plus exigu. Depuis combien de semaines suis-je prisonnière ici ? Quand pourrai-je sortir ?

À mesure que l'hiver approche, la lumière diminue, et je n'y vois plus grand-chose pour poursuivre cette tapisserie que j'exècre…

– Elle a été enfermée au grenier ! s'est écriée Helena. Dans ce grenier, où on est en ce moment !

– C'est trop triste ! a murmuré Viola. Trop injuste !

– C'est horrible ! a renchéri Gwen d'une voix blanche.

J'ai levé les yeux du carnet, et jeté un coup d'œil autour de nous. Soudain, je me suis rendu compte que *notre* lumière commençait également à diminuer. Depuis combien de temps étions-nous là ? Et cela faisait un moment que je n'entendais plus de coups de marteau... Michael et les autres ouvriers avaient sûrement quitté les lieux. Ce devait être l'heure de dîner... Tommy mourait sûrement de faim !

– On arrête, ai-je déclaré. Il est tard.

– Non ! a protesté Gwen. On doit savoir ce qui lui est arrivé !

– On le saura, mais pas maintenant, ai-je rétorqué. De toute façon, je n'y vois plus rien : je ne peux plus lire.

Je me suis redressée :

– Allons manger, et...

Soudain, on a entendu des bruits de pas. Puis un deuxième bruit.

Clac !

Un bruit facile à reconnaître…

Une porte qui claquait.

Elle a claqué une fois, deux fois, trois fois. De plus en plus fort…

En un éclair, je me suis souvenue de l'avertissement inscrit sur le mur en lettres rouges : « **PARTEZ VITE !** »

C'était très clair : notre présence dérangeait fortement quelqu'un…

Ou quelque chose.

– C'était… c'était le fantôme ? a bredouillé Viola.

Je n'aurais jamais dû accepter que ma petite sœur nous accompagne. Trop sensible…

– Mais non ! ai-je affirmé, moins rassurée que je ne le paraissais. C'était sûrement Michael ou Loïc, ou Steve ! Michael ? ai-je appelé d'une voix plus forte. Steve ? Loïc ? Vous êtes là ?

Personne ne m'a répondu.

Le cœur battant, j'ai gagné la porte. Je l'ai

ouverte et ai regardé dans la grande pièce. Elle n'était pas aussi sombre que celle où on se trouvait, si bien que j'ai vite constaté qu'elle était… vide. Il n'y avait ni Michael, ni Steve, ni Loïc. Il n'y avait personne.

Du moins, personne de visible.

8

Un fantôme pour de faux ?

Le cœur battant, j'ai refermé la porte et me suis retournée vers mes sœurs et Gwen. Elles avaient l'air pétrifiées.

– Tu… tu as vu quelqu'un ? a demandé Gwen.

J'ai secoué la tête. Helena a laissé échapper un gémissement. Viola est devenue livide. Je lui ai ébouriffé les cheveux :

– Ne t'inquiète pas, petite sœur, ça ira…

– Oh oui, a-t-elle murmuré.

Elle a redressé le menton et, à ma grande surprise, a ajouté d'un ton provocateur :

– Vous, vous croyez que c'est un fantôme. Pas moi ! Les fantômes n'existent pas !

– Si tu en es aussi sûre, pourquoi tu ne sors pas pour aller voir ? a raillé Helena.

– On va toutes sortir, suis-je intervenue. On ne peut pas rester enfermées ici.

– Pourquoi ? a balbutié Gwen. On n'a qu'à attendre papa et maman...

Oh là là... Un vent de panique soufflait sur l'assistance. Il était urgent de reprendre la situation en main.

– Écoutez, on retourne à la cuisine, et on va dîner ! ai-je proposé en levant volontairement la voix. Moi, j'ai faim !

Je voulais que la personne – ou la chose – qui avait claqué la porte sache qu'on s'apprêtait à sortir de la chambre...

– J'ai même très faim ! ai-je ajouté en rouvrant la porte.

De nouveau, j'ai jeté un coup d'œil dans la grande pièce. Là, une exclamation de stupeur m'a échappé.

– Quoi ? Qu'est-ce qu'il y a ? a demandé Viola, la voix assourdie par l'inquiétude.

– Rien...

Du moins, rien que je puisse leur cacher.

– Quelque chose sur le mur…

Un autre avertissement, peint en rouge comme la dernière fois : « **QUITTEZ CE GRE…** » Le dernier mot, inachevé, prouvait que l'auteur avait été interrompu. Par moi, peut-être ? Quand j'avais annoncé d'une voix forte qu'on descendait manger ? Cela signifiait qu'on nous épiait…

Refoulant une bouffée d'angoisse, je me suis précipitée hors de la chambre, suivie par mes sœurs et Gwen. Je me suis débrouillée pour qu'elles ne s'attardent pas devant les grandes lettres rouges dégoulinant sur le mur… Ce message couleur sang donnait la chair de poule.

– On dîne dans cinq minutes ! ai-je clamé, passant devant la chambre de Tommy sans m'arrêter.

Une fois dans la cuisine, je me suis affairée. Mme Frederick avait préparé des pâtes à la sauce tomate, et des haricots cuits à la vapeur. J'ai fait réchauffer le tout au four à micro-ondes, mis la table, apporté une carafe d'eau, sorti des yaourts du réfrigérateur… Me concentrer sur des gestes ordinaires m'a apaisée.

Pendant ce temps, Gwen et les jumelles, assises à table, discutaient à bâtons rompus de ce qui venait de se produire.

– Je suis sûre que c'était un fantôme ! déclarait Gwen.

– Mais pas n'importe lequel, a poursuivi Helena. Celui d'Abigail Bascomb !

– Et quoi encore ! a répliqué Viola, croisant les bras sur sa poitrine. Je parie qu'il y a une autre explication !

Ça me rassurait de voir ma petite sœur aussi détendue. J'avais même l'impression que, de nous quatre, c'était elle la moins effrayée... Incroyable mais vrai.

– Et quelle explication ? a insisté Gwen.

J'ai pris la parole :

– Et s'il s'agissait de quelqu'un qui ne veut pas qu'on rénove ta maison ? S'il s'agissait de quelqu'un qui refuse que vous viviez ici, ta famille et toi ?

– Exactement ! a poursuivi Viola. Quelqu'un qui jouerait au fantôme pour vous faire peur !

Gwen a réfléchi quelques secondes. Puis elle a hoché la tête :

– Quelqu'un comme… Graham Bascomb ?

– Exactement ! a répété Viola d'un ton animé. Il est dans les parages, tu te souviens ?

Mais Helena ne semblait pas convaincue :

– Vous croyez que Graham Bascomb aurait pu entrer dans le grenier sans que personne l'aperçoive ? Et puis, pourquoi aurait-il volé le stylo et le carnet de l'architecte ?

– Et ce mouchoir qu'on a trouvé ? a ajouté Gwen. Il lui appartiendrait ? Non, ça ne colle pas !

Soudain, elle a plaqué une main sur sa bouche, les yeux écarquillés.

– Les initiales du mouchoir ! Vous vous souvenez ? s'est-elle écriée. A. B. ! Comme Abigail Bascomb !

– Ce n'est peut-être pas le mouchoir d'Abigail, ai-je objecté.

Un silence a plané quelques instants. Puis, d'une petite voix, Viola a déclaré :

– Et si votre fantôme, c'était… Tommy ?

Tous les yeux se sont rivés sur elle. Tommy ? Elle n'avait peut-être pas tort… Après tout, il n'était pas monté au grenier avec nous ! Il n'aimait pas cette maison. Et il avait pu avoir envie de s'amuser…

– Tommy ? a répété Gwen, l'air sceptique. Mais il…

– Vous parlez de moi ? a lancé une voix, et le frère de Gwen est entré dans la cuisine.

Il paraissait de meilleure humeur que d'habitude.

– Euh, oui… On t'attendait pour manger, a répondu Gwen.

– Oui, c'est prêt, ai-je renchéri. Assieds-toi. Au menu : pâtes à la sauce tomate et haricots verts.

– Des haricots ? Beurk ! a marmonné Tommy. Mais j'ai tellement faim que ça ira quand même…

Voilà qui a clos notre discussion. Un peu plus tard, Gwen, mes sœurs et moi avons décidé de nous retrouver le lendemain matin, à la bibliothèque. Le lieu idéal pour poursuivre notre enquête… qui méritait qu'on réfléchisse sérieusement. Dans le calme.

***

Cette nuit-là, j'ai eu du mal à m'endormir. Mon esprit tourbillonnait. Je pensais à Abigail Bascomb, emprisonnée dans le grenier ; à Graham Bascomb, qui rôdait aux alentours ; à Tommy, le frère… fantomatique, qu'on voyait rarement ; au vieux mouchoir trouvé ; à cette porte qui claquait sans raison… Le mystère s'épaississait.

Samedi matin, comme prévu, Viola, Helena et moi avons retrouvé Gwen à la bibliothèque. Nous nous sommes installées dans la salle des ouvrages de référence. À leurs bâillements, j'ai deviné que ni les jumelles ni Gwen n'avaient mieux dormi que moi.

À voix basse, Gwen nous a appris qu'elle avait l'intention de garder un œil sur Tommy.

– Très tôt, ce matin, je l'ai entendu monter au grenier. Il sait qu'on croit qu'il y a un fantôme là-haut… Viola a raison : il veut peut-être se moquer de nous !

– Oui, surveille-le, a approuvé Viola. En attendant, on pourrait essayer d'en savoir plus sur les Bascomb. Cette famille a vécu longtemps à Cloverdale, pas vrai ?

– Il y a peut-être quelque chose sur eux dans les journaux de la ville, ai-je poursuivi. Il faudrait demander à Mme Rosoff de nous aider.

– On m'a appelée ?

Mme Rosoff, la bibliothécaire principale, passait justement près de nous, les bras chargés de livres. Étant passionnée de lecture depuis toujours, je la connaissais bien.

– Bonjour, Madame Rosoff. Comment va Misha ?

Misha était le chien de Mme Rosoff. En fait, il ressemblait plus à un bébé hippopotame qu'à un chien, mais il était adorable.

– Très bien, merci, a-t-elle répondu. Alors, ma petite Ophélie, en quoi puis-je vous être utile ?

– Eh bien…

Après une brève hésitation, je me suis lancée à l'eau :

– On aimerait trouver des renseignements sur les anciens propriétaires de la maison de Gwen, les Bascomb.

Mme Rosoff a arqué les sourcils ; une lueur d'intérêt a traversé son regard.

– Les Bascomb ? Oui… Déjà, on pourrait consulter la rubrique nécrologique, et voir ce qui a été écrit sur Violetta Bascomb, la veuve qui vivait au manoir il y a une dizaine d'années. Je vais poser tout ça, a-t-elle ajouté en désignant les livres qu'elle portait, et je suis à vous.

Quelques minutes plus tard, on effectuait notre recherche. Mme Rosoff connaissait son métier !

– Une nièce et un neveu sont mentionnés, a-t-elle dit en consultant la base de données informatiques. Carla Frederick, à Fairfield, dans le Connecticut…

– C'est ma mère, l'a interrompue Gwen.

Mme Rosoff a souri à Gwen :

– Dans ce cas, tu connais peut-être l'autre personne : Graham Bascomb, de Quincy, dans le Massachusetts ?

Gwen a fait signe que non.

– Moi, je le connais, a alors déclaré Mme Rosoff à la stupéfaction générale.

J'avoue avoir eu du mal à dissimuler ma surexcitation.

– Vraiment ? Vous le connaissez… bien ?

– Non. Ça date d'il y a longtemps, et nous n'étions pas très proches, m'a précisé Mme Rosoff. Il venait ici chaque été, rendre visite à Violetta Bascomb, sa tante. Nous avions le même âge, quinze-seize ans. Il était très séduisant ! Enfin, passons. Un jour, Graham Bascomb a été accusé d'être entré par effraction dans une ferme inhabitée, la ferme des Harper…

Quelques instants, Mme Rosoff a paru perdue dans ses souvenirs.

– Après cet incident, a-t-elle repris, il n'a plus jamais remis les pieds à Cloverdale. Sa tante était furieuse contre lui. Elle ne voulait plus le voir : il avait souillé sa réputation ! Je crois même qu'elle l'a déshérité…

Viola, Helena, Gwen et moi avons échangé un regard complice. Que de précieuses informations ! D'abord, Graham Bascomb avait eu des ennuis avec la police parce qu'il s'était introduit illégalement dans une maison. Ensuite, la veuve Bascomb l'avait radié de son testament. Et maintenant, il harcelait les parents de Gwen pour récupérer le manoir…

– Madame Rosoff, est-ce qu'on peut retrouver l'adresse de quelqu'un à partir d'un numéro de téléphone ? ai-je demandé.

– Bien sûr. Grâce à un service sur Internet, en consultation gratuite à la bibliothèque. Je vais te montrer comment l'utiliser, et ensuite je vous laisse. J'ai du travail !

Aussitôt, Viola m'a tendu le bout de papier sur lequel elle avait griffonné le numéro d'où avait appelé Graham Bascomb. Je me suis installée devant l'ordinateur, et j'ai affiché la page de l'annuaire inversé. Puis j'ai tapé le numéro et appuyé sur la touche « envoi ». Le renseignement est apparu en une seconde : Graham Bascomb résidait à l'hôtel « Green Mountain », à Burlington.

9

Merci, grande sœur...

La bibliothèque fermant à midi, nous avons invité Gwen à déjeuner à la maison. En chemin, elle nous a appris que le matin même, de bonne heure, elle avait exploré l'autre chambre du grenier, mais qu'elle n'y avait rien découvert : seulement quelques chaises, et des meubles sans intérêt.

– Il faudrait quand même retourner vérifier, a insisté Helena. Un fantôme vit partout…

– Et nulle part, s'est moquée Viola. Parce que tu crois toujours qu'il y a un fantôme, toi ?

– Moi, je ne sais pas, a avoué Gwen. Et toi, Ophélie ?

Pour ma part, j'étais de plus en plus persuadée que le coupable était Graham Bascomb. Il devait avoir les clés du manoir, et y pénétrer secrètement…

– Je crois qu'il faut essayer d'en savoir plus sur Graham Bascomb.

– Moi aussi, a dit Viola.

Chez nous, on a retrouvé Miranda et Olivia. Miranda, dans la cuisine, finissait de préparer un savoureux ragoût, qui nous a mis l'eau à la bouche. Olivia faisait une lessive. Comme elle ne possédait pas encore de lave-linge, elle revenait régulièrement utiliser le nôtre ! Juliette était en randonnée avec nos parents, et Katherine chez une amie.

– Eh bien, mettez-vous à table, a proposé Miranda. Pour une fois que je suis là et que je fais à manger, profitez-en !

– D'habitude, ma grande sœur travaille le samedi, ai-je expliqué à Gwen. Elle est stagiaire au commissariat de police.

Gwen a observé Miranda avec curiosité :

– Vous allez être policière ?

– Détective. Attention, dans quelques années seulement ! a précisé Miranda en riant.

J'ai encore beaucoup de choses à apprendre...

Elle nous a servies et s'est installée avec nous. Olivia, pour sa part, allait et venait entre la buanderie et la cuisine. En fait, ce n'était pas un, mais plusieurs sacs de linge qu'elle avait apportés !

– Scooby, pousse-toi ! a-t-elle lancé à notre chien, qui s'était affalé au milieu de la pièce.

Évidemment, Scooby n'a pas bougé d'un pouce. Ses soixante kilos étalés sur le sol, son poil roux tout emmêlé – il avait dû s'en donner à cœur joie dans le jardin –, la truffe en l'air, il humait le délicieux fumet qui embaumait la cuisine.

– Il a faim, a dit Gwen.

– Faim ? a répété Olivia d'un ton moqueur. Il est gourmand, c'est tout !

Sur ce, elle est repartie s'occuper de ses lessives. On a dévoré le repas concocté par Miranda en parlant de tout et de rien. Puis Miranda nous a un peu décrit son travail, ce qui nous a passionnées, vu qu'elle menait des enquêtes sans arrêt !

– En ce moment, on recherche une jeune

fille qui a disparu il y a trois semaines dans une petite ville pas très loin d'ici, nous a-t-elle annoncé. À Underhill, plus précisément. Elle a quatorze ans, et ses parents sont fous d'inquiétude. Cette affaire mobilise toute l'équipe ! On a mis des avis de recherche un peu partout.

– J'espère que vous la retrouverez, a dit Olivia, qui nous avait enfin rejointes. C'est toujours angoissant, ce genre de situation... Ouf ! Ça y est, j'ai fini ma corvée, a-t-elle poursuivi. La dernière machine tourne, et je vais pouvoir manger...

– Et moi, je dois filer, a déclaré Miranda après avoir jeté un coup d'œil à sa montre. J'ai rendez-vous avec un collègue dans une demi-heure.

Elle s'est levée et nous a embrassées. On l'adore, Miranda. Elle est un peu comme une deuxième maman, finalement.

– Et nous ? Qu'est-ce qu'on fait ? a demandé Viola.

– Et si on allait au cimetière ? a proposé Helena.

Olivia l'a dévisagée avec étonnement :

– Au cimetière ? Pourquoi ?

– Pour chercher la tombe d'Abigail ! a spontanément répondu ma petite sœur.

– Qui est Abigail ? a demandé Olivia en se servant une part de ragoût.

Gwen a froncé les sourcils et a regardé Helena avec insistance, lui intimant silencieusement de se taire afin de respecter notre serment. Helena, confuse, s'est mordu la lèvre inférieure.

– Qui est Abigail ? a répété Olivia.

Comme on se taisait obstinément, elle nous a contemplées à tour de rôle. Un sourire espiègle s'est dessiné sur ses lèvres :

– En voilà des mines de conspiratrices ! Qu'est-ce que vous mijotez, toutes les quatre ? Oh, et puis, si vous préférez ne pas en parler, c'est votre problème, a-t-elle repris en haussant les épaules. En tout cas, si vous voulez aller au cimetière, je peux vous y conduire. J'en profiterai pour faire quelques photos. J'adore les pierres tombales, les herbes sauvages entre les dalles, ce genre de chose...

– Olivia étudie la photographie d'art, ai-je

confié à Gwen. Elle prend tout en photo, même des trucs sans aucun intérêt !

– Mais qui deviennent très intéressants vus à travers l'objectif de mon appareil ! a rectifié Olivia. C'est ça, l'art de la photo, mes puces… Savoir regarder autrement ! Alors, je vous emmène au cimetière ? Promis, je ne vous poserai aucune question !

Une demi-heure plus tard, entassées dans la petite voiture rouge d'Olivia, nous arrivions au cimetière de Cloverdale, de l'autre côté de la colline. En file indienne, nous sommes entrées dans ce lieu silencieux, bordé de cyprès, qui dominait la ville. Son appareil photo en bandoulière, Olivia nous précédait.

– Certaines tombes sont magnifiques, a-t-elle murmuré. Les plus anciennes surtout, dont le marbre ou la pierre ont été usés par le temps…

Elle avait raison. Les pierres tombales possèdent du *sabi**.

* Sabi : c'est un mot japonais décrivant la beauté de l'âge, la beauté liée au temps qui passe...

– Il faut trouver où sont enterrés les Bascomb, a dit Helena.

Olivia s'est tournée vers elle, surprise :

– Les Bascomb ?

Aïe ! Dissimuler notre secret devenait plus difficile, à présent.

– Maman est une Bascomb, a alors expliqué Gwen brièvement. On recherche la tombe d'Abigail Bascomb, une de ses ancêtres.

– Bon... Alors, je vais chercher avec vous.

Respectant sa promesse, Olivia ne nous a rien demandé de plus. Elle est repartie, déambulant entre les tombes. C'est une artiste, ma grande sœur. Et elle sait être discrète ! De temps en temps, elle s'arrêtait pour photographier un détail, une fleur... On parlait peu, scrutant les sépultures, lisant les noms, les épitaphes...

– Là ! a soudain chuchoté Helena.

Elle a bifurqué dans une allée à droite, et s'est arrêtée devant un tombeau. C'était un caveau familial, celui de la famille Bascomb. Helena a montré une inscription en lettres dorées, gravée dans le monument funéraire :

– C’est elle ! Elle a été enterrée ici.

Sur la plaque mortuaire, on lisait :

Abigail Elizabeth Bascomb,
seize ans, cinq mois et deux jours.
Nous nous séparons sur terre
pour nous retrouver au paradis…

Une frise de feuillages entourait ces mots. Un frisson glacial m’a parcourue. J’avais du mal à imaginer que la jeune fille dont nous avions découvert le journal intime se trouvait là, quelque part sous cette terre que nous foulions.

– Elle est morte si jeune…, ai-je murmuré.

– Un an après avoir cessé de tenir son journal, a enchaîné Helena.

– Sûrement parce qu’elle a dû rester enfermée dans ce grenier, a ajouté Gwen. C’est la sévérité de ses parents qui l’a tuée !

Viola demeurait muette, les yeux rivés sur l’inscription. Alors, des sanglots dans la voix, Gwen a tout raconté à Olivia : les phénomènes étranges au grenier, les appels insistants de Graham Bascomb, ce qu’Abigail avait écrit…

Oublié, notre serment ! L'heure n'était plus aux cachotteries. Soudain, Viola, Helena, Gwen et moi ressentions la même chose : une peine immense pour Abigail, le désir qu'elle repose en paix…

Et la peur que son esprit ne hante le manoir.

Un esprit en colère, très en colère…

Mais, lorsque nous avons confié notre inquiétude à Olivia, notre grande sœur a secoué la tête, les yeux rieurs :

– Impossible, mes puces ! Les fantômes n'existent que dans les livres ou au cinéma ! Il doit y avoir une explication logique, rationnelle, à ce qui se passe dans ce grenier. Et puis, Abigail n'est pas forcément morte de chagrin et de solitude ! À son époque, beaucoup de gens étaient emportés par des maladies telles que la scarlatine, ou même la grippe !

– Mais elle n'avait que seize ans ! ai-je répliqué. Seulement trois ans de plus que moi.

Pendant quelques secondes, personne n'a soufflé mot.

– Faisons une prière, a proposé Helena. Une prière pour le repos de son âme…

– Bonne idée, a murmuré Gwen. Alors, elle cessera peut-être de hanter le grenier.

À ce moment-là, un nuage a masqué le soleil. Une sensation étrange m'a gagnée, et j'ai réprimé un frisson. Heureusement qu'Olivia était là !

– Pourquoi pas ? a-t-elle lancé d'un ton tranquille. Je ne crois pas aux fantômes, mais on a toutes envie que cette pauvre jeune fille trouve la paix…

Alors, inclinant la tête, nous avons prié pour Abigail Bascomb. Puis Gwen a ajouté d'une voix assourdie par l'émotion :

– On te comprend, et on est tes amies, Abigail. Si tu nous entends, sache que je vais ranger ton journal intime dans ta malle ! Et puis, bientôt, cette horrible pièce du grenier où tu as été si malheureuse sera complètement nettoyée, toute claire… Avec mes parents et mon frère Tommy, on va y vivre… et tu sentiras peut-être notre joie ! Une joie qui te réconfortera… En tout cas, je l'espère de tout mon cœur. Voilà. Au revoir, Abigail…

Nous sommes restées silencieuses un long moment ; si silencieuses que l'on percevait le bruissement des feuilles. Et, aussi bizarre que cela puisse paraître, j'ai vraiment eu l'impression qu'une profonde sérénité enveloppait la tombe d'Abigail.

– Bien, maintenant, il faut que je rentre, a dit Olivia, nous obligeant à revenir à la réalité. Je vous ramène ?

– Oui... Gwen peut rester un peu à la maison ? a demandé Helena.

– Bien sûr ! a répondu Olivia en souriant. Et même y dormir, si elle veut ! Et toi, Ophélie ? Ça te plairait d'aller au cinéma ? Ça te changerait les idées !

– Super !

Soudain, j'ai eu très envie d'oublier le manoir, et la triste vie d'Abigail Bascomb.

Mais devinez ce que j'ai vu sur le bord de la route, alors qu'Olivia se dirigeait vers Burlington ? L'hôtel « Green Mountain » !

J'ai demandé à Olivia de ralentir, et scruté le parking, cherchant une voiture immatriculée dans le Massachusetts. S'il y en avait une, ce serait peut-être celle de Graham Bascomb...

Il y en avait une.

Vert foncé, avec des vitres fumées.

Un homme est alors sorti de l'hôtel et s'y est installé. Un homme grand, les cheveux blonds grisonnants, moustachu. Graham Bascomb ?

10

Les pleurs du fantôme

– Regardez !

Helena a brandi un vieux gant de base-ball :

– Il est super ! Le cuir est encore souple ! Il suffit de le graisser un peu, c'est tout…

– Mets-le dans le carton « Demander à maman », a dit Gwen. Elle te le donnera peut-être. Je ne joue pas au base-ball.

– Moi, si ! s'est exclamé Tommy. Et si je le voulais, moi aussi ?

– C'est maman qui décidera ! a répliqué sa sœur.

Ce dimanche matin, nous étions tous les cinq – Gwen, Tommy, Viola, Helena et moi – dans la chambre-débarras du grenier. Gwen avait convaincu son frère de participer au rangement de la pièce... Et, du coup, nous avions compris pourquoi Tommy y était déjà allé en cachette. Certains cartons contenaient des affaires de sport qui l'intéressaient drôlement !

Comme, cette fois, Tommy se trouvait avec nous, s'il se produisait d'autres phénomènes étranges, on ne pourrait plus le soupçonner...

Cela faisait maintenant plus d'une heure qu'on éternuait et toussait tout en époussetant les vieux meubles, en triant les cartons, les boîtes et les valises... Dehors, une pluie torrentielle tombait, crépitant sur le toit au-dessus de nos têtes. Il faisait même si sombre qu'on venait d'allumer l'unique ampoule de la chambre ; sa lumière blafarde nous éclairait à peine. Malgré tout, nous poursuivions notre tâche. Tommy s'était chargé des valises et des malles, qu'il poussait et entreposait dans un coin, sans les ouvrir ; Helena, Viola et Gwen s'efforçaient de classer le contenu de divers cartons ; moi, je m'occupais des piles de documents et de livres.

Le précieux journal intime d'Abigail avait été replacé dans sa malle d'origine, que nous avions mise à l'écart. Gwen tenait à ce que ce soit sa mère qui la range.

Alors que nous travaillions ainsi, la lumière s'est soudain mise à vaciller, puis s'est éteinte. Une pénombre épaisse a enveloppé la pièce. La pluie s'est abattue de plus belle sur le toit avec un vacarme assourdissant... Et un premier coup de tonnerre a éclaté.

– Ophélie, j'ai peur..., a lâché Viola en venant se blottir contre moi.

– Moi aussi ! a avoué Gwen.

Immobiles, Helena, Tommy et moi restions silencieux. Un éclair a brièvement illuminé le visage de Viola : elle était pâle d'effroi. Je l'ai serrée bien fort :

– Ne t'inquiète pas, ce n'est qu'un gros orage !

Il n'empêche que je ne me sentais pas très rassurée... D'autant que le tonnerre grondait de nouveau, faisant vibrer les vieux carreaux de la fenêtre. À présent, le ciel prenait la noirceur de l'encre. Les éclairs se succédaient comme des flashes géants qui, à chaque fois, projetaient une lumière blanche, aveuglante, dans la pièce obscure. Nous aurions dû quitter ce grenier, redescendre, gagner le salon, ou la cuisine, où Mme Frederick se trouvait sans doute… Mais, bizarrement, nous restions là, pétrifiés.

Puis, tout à coup, des sanglots se sont élevés. J'ai regardé Viola, qui se tenait toujours tout près de moi :

– C'est toi qui pleures ?

– Non, a-t-elle murmuré.

– Ce n'est pas moi non plus, a affirmé Gwen d'une voix tremblante. C'est toi, Helena ?

– Non !

– Inutile de me poser cette question ! a clamé Tommy. Vous croyez que j'ai peur de l'orage, moi ?

Lorsqu'il s'est tu, nous avons clairement entendu des pleurs… au loin. Des pleurs étouffés… et bien réels.

– Euh… on devrait peut-être sortir d'ici, a suggéré Helena.

– Non, il fait trop noir ! a dit Gwen d'une voix terrifiée.

Dehors, l'orage se déchaînait, et les coups de tonnerre redoublaient d'intensité. Instinctivement, on s'était tous assis par terre, les uns contre les autres, et on attendait. Soudain, une détonation assourdissante a retenti dans le ciel. La foudre… Puis la pluie s'est brusquement calmée. Mon cœur cognait comme un tambour. Il fallait que je reste calme. J'étais l'aînée ! Je devais montrer l'exemple.

Mais ce que j'ai alors aperçu m'a donné des sueurs froides : une lumière bougeait derrière la porte entrebâillée. Comme si quelqu'un marchait avec une torche… Ma gorge est devenue sèche ; mes paumes étaient toutes moites.

– C'était quoi ? a balbutié Viola.

– Je l'ai vu aussi, a murmuré Gwen.

– Quoi ? Moi, je n'ai rien vu ! a lancé Helena.

– Moi non plus, a dit Tommy. Qu'est-ce qu'il y avait ?

À ce moment-là, l'ampoule de la chambre s'est rallumée. Clignant des yeux, nous nous sommes regardés, abasourdis, apeurés, soulagés aussi… Et là, lentement, la porte s'est ouverte.

Une haute silhouette s'est découpée dans l'embrasure.

C'était un homme. Grand. Les cheveux blonds grisonnants, moustachu.

J'ai tout de suite deviné qui c'était.

11

Esprit, où es-tu ?

J'ai pris une profonde inspiration pour calmer les battements de mon cœur :

– Bonjour, monsieur Bascomb…

L'homme m'a regardée, étonné.

– Tu me connais ? Qui es-tu, d'abord ? a-t-il ajouté en fronçant les sourcils. Tu es trop grande pour être Gwen !

– Ophélie Christer, la baby-sitter de Gwen et Tommy, ai-je annoncé, surmontant tant bien que mal ma frayeur.

Médusés, Gwen, Helena, Viola et Tommy ne quittaient pas l'intrus des yeux.

– Ophélie ? a-t-il répété. Enchanté. Moi, c'est Graham, Graham Bascomb. Mais ça, tu le sais déjà, apparemment.

J'ai acquiescé. Et, pour une raison étrange, ce Graham Bascomb a cessé de me faire peur. Ses yeux pétillaient de malice tandis qu'il nous examinait :

– Je reconnais Gwen et Tommy. Qui sont les deux autres jeunes filles ?

– Viola et Helena, mes sœurs.

– Oh, je devine une légère passion dans votre famille pour le grand Shakespeare ! a déclaré Graham Bascomb en souriant.

Cet homme me paraissait même de plus en plus sympathique…

– Dites, monsieur, comment êtes-vous entré chez nous ? a demandé Gwen. Maman ne veut pas vous voir !

– Ne *voulait* pas, a-t-il rectifié, sans cesser de sourire. Ce matin, je l'ai convaincue de boire un café avec moi. Nous nous sommes rencontrés en ville, nous avons longuement discuté, nous nous sommes compris… Et me voici. Votre mère est en bas, en train de ranger ses courses, je pense. Tu peux vérifier, si tu veux !

À cet instant, Mme Frederick nous a appelés depuis le rez-de-chaussée pour nous annoncer que le déjeuner serait bientôt servi. Donc, Graham Bascomb ne mentait pas. Du moins, pas à ce sujet.

– En fait, je souhaitais juste récupérer quelques affaires de famille, a-t-il repris en lançant un regard circulaire. Je n'ai plus mis les pieds dans cette maison, qui appartenait à ma tante, depuis l'âge de seize ans ! J'avoue que cet orage, tout à l'heure, m'a un peu perturbé, a-t-il poursuivi. Je n'ai pas pu m'empêcher d'imaginer que les cieux faisaient écho au courroux de ma tante !

Face à notre silence, il a ajouté :

– Vous n'êtes peut-être pas au courant, mais ma tante était très fâchée contre moi, parce que j'avais fait une bêtise. Une bêtise d'adolescent... Enfin, c'est le passé...

Il nous a regardés droit dans les yeux, à tour de rôle :

– Vous l'avez trouvé ?

– Quoi ? a balbutié Gwen.

– Vous le savez très bien.

– Ça ? a fait Tommy en lui tendant le gant de base-ball.

Graham Bascomb l'a pris, et a éclaté de rire :

– Sans blague ! J'adorais ce gant. Excellente qualité…

– Il est à vous ? a demandé Tommy.

– Et comment !

Remarquant la mine déçue qu'affichait le frère de Gwen, il a souri de nouveau :

– Sauf qu'aujourd'hui je ne joue plus au base-ball. Tu le veux ?

Il a lancé le gant à Tommy, qui l'a attrapé au vol :

– Vraiment ? Vous me le donnez ?

– Il est à toi !

Tommy a souri de toutes ses dents. Graham s'était fait un ami !

– Les enfants, ce qui m'intéresse, c'est le carnet, a repris Graham Bascomb.

– Vous voulez dire… le journal d'Abigail ? ai-je hasardé.

Graham a acquiescé :

– Je l'avais trouvé autrefois. Je voudrais le relire… et comprendre quelque chose d'important au sujet de notre famille. J'ai eu tellement de peine pour Abigail ! Je suis allé sur sa tombe plusieurs fois, vous savez.

Je l'ai observé avec étonnement et respect. Non, cet homme n'était pas du tout un ennemi de la famille Frederick. Il avait dû beaucoup souffrir à cause de la réaction de sa tante. Après tout, il avait été banni de cette maison, qui était aussi un peu la sienne… Heureusement que Mme Frederick avait fini par l'écouter !

– Nous aussi, on est allées sur la tombe d'Abigail, a murmuré Gwen. Seulement une fois, mais on y retournera peut-être.

Tommy nous écoutait, l'air ahuri :

– C'est quoi, cette histoire de tombe ? C'est qui, Abigail ?

– On t'expliquera, a dit sa sœur. Plus tard. Le journal d'Abigail est là, à sa place, a-t-elle dit à Graham en lui montrant la malle de cuir. Je pense que ma mère aussi aimerait le lire.

– Elle le lira. Elle en a autant le droit que toi, ou moi, a affirmé Graham. La mort de notre jeune aïeule est une disgrâce… Une honte, dans notre famille. Quelque chose qui a pesé très lourd sur nos consciences. Je suis historien, et psychologue, a-t-il précisé. J'ai besoin de ce carnet pour réaliser une étude de psychogénéalogie.

– De… quoi ? s'est exclamé Tommy.

Graham s'est mis à rire :

– La psychogénéalogie étudie l'influence de la vie de nos ancêtres sur notre vie à nous, jeune homme.

– L'influence ? a répété Viola d'un air perplexe. Mais comment nos ancêtres pourraient-ils nous influencer ? Ils ne sont plus vivants !

– Si, ils le sont, d'une certaine manière, a répliqué Graham.

– Ce sont des fantômes ? a lancé Helena.

– Les fantômes n'existent pas, voyons ! s'est esclaffé Graham. Même si ma tante croyait qu'il y en avait ici, je vous garantis que…

À ce moment-là, on a entendu des pleurs. Des pleurs qui semblaient provenir à la fois de près et de loin. De vrais pleurs. Tout le monde s'est figé, même Graham Bascomb.

– Qu'est-ce que c'est ? a chuchoté Tommy d'un filet de voix.

– Tu devrais plutôt demander *qui* c'est ! a calmement rétorqué Graham. Une personne qui a du chagrin, c'est sûr... Et nous allons la trouver !

À la queue leu leu, nous avons suivi Graham Bascomb. En sa présence, nous nous sentions tous plus rassurés ! Nous avons quitté la chambre et gagné la grande salle du grenier. Sous l'éclairage diffusé par des ampoules dénudées, nos ombres se dessinaient sur les murs, tels d'immenses spectres.

– Fantôme, où es-tu ? a clamé Graham d'un ton moqueur.

Helena a laissé échapper un fou rire nerveux.

Alors, on a entendu des pas ; puis une porte a claqué.

Soudain, j'ai eu du mal à respirer. Viola m'a attrapé la main et l'a serrée très fort. Gwen et Helena se sont regardées sans bouger. Tommy a froncé les sourcils. Graham Bascomb, lui, a souri :

– Allons-y !

– Où ça ? ai-je balbutié.

– Là où se cache notre mystérieux fantôme !

Quelque chose me dit qu'il n'est pas loin.

Ma gorge est devenue toute sèche. L'heure de vérité approchait... Graham a commencé par jeter un coup d'œil dans l'autre chambre du grenier :

– Il n'y a personne, ici. Pas un chat.

Après quoi, il s'est directement dirigé vers la porte qui conduisait à la tour. De toute évidence, il se sentait chez lui. Il connaissait les lieux. Et il n'avait pas peur. Alors, nous lui avons fait confiance...

12

Tout s'explique

Graham Bascomb a tourné la poignée et, à notre grande surprise, la porte s'est ouverte sans difficulté.

– Vous venez ? a-t-il lancé, toujours aussi détendu.

– Euh... oui, ai-je répondu en faisant signe aux autres de me suivre.

Nous avons emprunté un petit escalier qui grimpait en colimaçon. Il y faisait très sombre. La seule lumière provenait de l'extérieur, s'infiltrant à travers de minces ouvertures découpées dans le mur – des meurtrières. Mon cœur battait à se rompre... Qu'allions-nous donc découvrir ?

En haut, nous sommes arrivés dans une petite pièce circulaire vide, éclairée par deux lucarnes aux vitres cassées. Le vent s'y engouffrait, la pluie également… Graham a désigné des miettes de pain et un trognon de pomme sur le sol :

– Preuve numéro un : quelqu'un se trouvait ici il n'y a pas très longtemps ! Quelqu'un qui avait faim…

Puis il a poussé un cri de surprise :

– Tiens, qu'est-ce que c'est que ça ? Une porte ?

Il s'est approché d'une porte basse – très basse – et voûtée, qui semblait sculptée dans la pierre.

– Je ne l'avais jamais remarquée ! a-t-il fait, étonné. Quand j'étais enfant, j'avoue que je ne venais pas souvent jouer ici ! a-t-il précisé en riant.

Son rire nous a rassurés.

– Voyons voir, a-t-il déclaré. Toc, toc, toc, qui est là ?

À ce moment-là, des sanglots étouffés se sont élevés derrière la porte. Sous nos yeux écarquillés, Graham a doucement entrebâillé le battant.

– Non ! Ne me punissez pas ! s'est exclamée une petite voix.

Graham a ouvert en grand. Abasourdis, nous nous sommes avancés… et nous avons découvert une jeune fille recroquevillée au fond d'une pièce minuscule, sans fenêtre. Un véritable cachot ! L'inconnue était blonde, elle portait un jean et un chandail. Elle devait avoir mon âge. Une profonde angoisse se lisait sur son visage.

– Qui es-tu ? a sèchement demandé Graham. Que fais-tu ici ?

Elle l'a dévisagé en silence, puis a fondu en larmes. Nous avons tous reconnu ces sanglots… Nous les avions déjà entendus à plusieurs reprises.

– Qui es-tu ? a répété Graham en se radoucissant. N'aie pas peur, nous ne te voulons aucun mal.

Le visage enfoui dans ses mains, la jeune fille a murmuré :

– Je m'appelle Sara Toping…

– Et pourquoi te caches-tu ici, Sara ? a insisté

Graham. Tes parents doivent te chercher !

– Oh oui, a-t-elle balbutié en reniflant.

Soudain, dans mon esprit, ça a fait tilt. Miranda ne nous avait-elle pas appris, quelques jours auparavant, qu'une jeune fille avait disparu à Underhill, une ville voisine ?

– Sara, tu ne viendrais pas d'Underhill, par hasard ? ai-je demandé.

– Si, pourquoi ?

J'ai souri :

– Parce que ma sœur te cherche, elle aussi…

***

Ainsi, tout s'expliquait : les bruits de pas, les claquements de porte, les sanglots… C'était Sara qui s'échappait de sa cachette pour courir dérober des provisions dans la cuisine ! Le mouchoir appartenait à l'une de ses amies, une certaine Anita Bancy… Et, dans l'affreux cachot secret où elle s'était terrée, nous avons retrouvé le carnet et le stylo de Susan Duff.

Pauvre Sara… Elle était presque aussi malheureuse qu'Abigail. Elle s'était enfuie de chez elle pour effrayer ses parents, qui avaient refusé de la laisser partir chez une amie pendant les prochaines vacances. Mais elle n'avait pas seulement voulu se venger : elle avait surtout agi par désespoir... parce que ses parents étaient trop sévères.

Sara s'était donc réfugiée dans la vieille demeure des Bascomb, qu'elle savait inoccupée. Évidemment, lorsque la famille Frederick y avait emménagé, elle avait eu peur d'être découverte. C'est pourquoi, dans un premier temps, elle avait essayé de freiner les travaux de rénovation du grenier en abîmant les plans de Susan Duff, en volant quelques affaires...

Comme elle avait constaté que ça ne dissuadait pas les ouvriers, elle s'était mise à jouer au fantôme, parce qu'elle avait entendu parler des rumeurs concernant le manoir. Et elle s'était prise au jeu, allant jusqu'à peindre des menaces sur le mur. Naïve, elle espérait que la famille de Gwen et Tommy céderait à la peur et quitterait la maison !

Mais, rassurez-vous, tout s'est bien terminé : Miranda est venue chercher Sara, accompagnée des parents de la jeune fille. Ils étaient si soulagés de retrouver leur fille qu'ils ne l'ont même pas punie. Ils ont promis de discuter davantage avec elle à l'avenir, et d'être moins intransigeants*. Tout était bien qui finissait bien !

Même si Helena était déçue : elle aurait préféré qu'on déniche un vrai fantôme !

Viola, elle, jubilait : ne nous avait-elle pas répété qu'il y avait une explication logique aux étranges phénomènes auxquels nous avions assisté ? Et toc !

Tommy trépignait d'impatience : à présent, il voulait qu'on lui raconte tout ce qui s'était passé pendant qu'il était resté scotché aux manettes de sa console. Mes sœurs Katherine et Juliette ont également insisté pour qu'on leur fasse un récit détaillé. Juliette a beaucoup regretté de ne pas avoir pu participer à notre super enquête… Ce sera pour la prochaine fois !

Olivia est restée des heures dans la tour, à photographier chaque détail… les pierres, le

---

* Intransigeant : qui ne transige pas, qui ne discute pas. Bref, quand on est intransigeant, on est souvent trop sévère !

sol, les fenêtres... Que recherchait-elle, au juste ? Mystère...

Quant à Gwen, elle était drôlement heureuse de ce dénouement : après tout, elle vivait dans ce vieux manoir. Elle aimait bien les fantômes, d'accord, mais plutôt dans les films ou les livres !

Comme moi...

Épilogue

Quelle histoire, n'est-ce pas ? Une histoire qui a fait le tour de Cloverdale ! On en a même parlé dans *Quintessence,* le nouveau journal littéraire de l'école. À ce sujet, je précise (fièrement) que c'est moi qui ai trouvé le titre de ce journal ; après un vote un peu houleux, ma proposition a été retenue. Ma prof de français a dû expliquer à tout le monde ce que « quintessence* » signifie !

Helena, Viola et Gwen sont très amies maintenant. Elles sont devenues inséparables ! Et, lorsque je vais garder Gwen et Tommy – ce qui

* Quintessence : la source, le cœur, l'essence même de quelque chose ; la substantifique moelle...

arrive encore de temps en temps –, elles m'accompagnent aussi souvent que c'est possible ; suivies par Scooby, notre fidèle chien, qui semble avoir élu domicile dans le parc de la famille Frederick.

Ah, oui, j'allais oublier l'essentiel : mes sœurs, Gwen, Tommy et moi sommes allés déposer un énorme bouquet sur la tombe d'Abigail. Katherine a même lu un poème qu'elle a composé pour l'occasion :

Abigail, tu rêvais de liberté,
Mais un siècle trop tôt tu es née.
Alors, tu as été piégée
Par les croyances et pensées
De ceux qui pourtant t'aimaient…
Aujourd'hui, repose en paix…

Extrait

Découvre vite

Au secours, j'ai besoin d'amis!

un autre titre de la collection

club Copines

« Coucou, c'est moi ! »

par Genny le génie

Enfer et damnation ! Quelle guigne !

L'appel arrive toujours quand je suis bien au chaud et au calme dans ma bouteille douillette. L'« appel », c'est le nom que je donne à cette fantastique intuition qui me vient souvent. Mon travail consiste à voler au secours de jeunes gens en détresse, des jeunes gens de treize ans exactement, qui ont besoin que je les sorte d'une situation épouvantable. Et, croyez-moi, tout génie que je sois (un génie génial qui a treize ans depuis mille ans), c'est parfois difficile !

Cette mission-là s'annonçait musclée, ce qui ne m'enchantait pas tellement.

Extrait

C'est vrai, quoi, je m'étais mise en semi-retraite ! J'essayais de limiter les entreprises périlleuses. Au bout d'un millénaire d'exercice, on a le droit de souffler un peu, non ?

Sauf que cette fille, dont j'ignorais alors le prénom, traversait une crise carabinée : elle était au trente-sixième dessous, et même plus bas. Je n'avais jamais ressenti un désespoir aussi intense depuis qu'une certaine Jeanne – vous savez, Jeanne d'Arc – m'avait appelée, il y a quelque six cents ans. Ou alors était-ce au XIIIe siècle ? Oh, je ne sais plus, je me mélange les pinceaux en ce qui concerne les dates.

Quand l'appel me parvient, il est si fort que je ne peux pas résister, que je le veuille ou non. Dès que quelqu'un a besoin de moi, je fonce. La souffrance me propulse dans l'action. Un cœur brisé agit sur moi comme un aimant.

Il faut vous dire que j'adore l'idée de rendre le monde plus accueillant, plus doux pour les mortels. Avant d'être génie, j'étais un être humain comme les autres.

Estimant que j'avais eu ma dose de chagrin

et d'angoisse ces derniers temps, je souhaitais un peu de répit.

J'avais donc ôté l'antenne radar d'urgence de Tempête – la bouteille magique où j'habite entre deux missions – et déconnecté le signal d'appels. Je coulais des jours heureux à envoyer des génie-mails à mes collègues, à regarder la télé, ou à enseigner la philosophie à Électron, mon chat.

Tempête et Électron n'étaient pas ravis : ils estimaient que je gaspillais mon talent. Je m'en fichais comme de mes premières chaussettes. Je me serais certainement ennuyée au bout de, disons, une centaine d'années. Mais là, je n'ai même pas eu le temps ! Je n'ai eu droit qu'à un petit mois de vacances avant cet appel !

Donc, retour à l'action. Tempête a filé comme une flèche pour nous amener chez la jeune fille en détresse. Au fond de ma bouteille, je n'y vois rien : j'ignore comment elle s'y prend. Toujours est-il que Tempête s'est faufilée sous l'oreiller de la pauvrette.

Je l'entendais sangloter. Ça m'a rendue triste ! Aussitôt, mon côté humain a resurgi.

Extrait

Non seulement j'étais prête à accomplir cette mission, mais j'y tenais mordicus. Excitée comme une puce, je brûlais de jaillir de ma bouteille pour me mettre au travail. Pareil pour Électron. Dévorés par l'urgence, on a failli faire exploser Tempête !

Vous comprenez, on ne peut pas sortir comme ça : on est obligés d'attendre que la personne qui appelle à l'aide frotte Tempête pour nous libérer.

« Allez, allez ! la pressais-je. Tu dois frotter Tempête juste une fois, elle est très à cheval sur les règles. Et on sera à ton service, le chat et moi. Un simple coup de poing rageur sur l'oreiller suffirait. »

Tic-tac, tic-tac, tic-tac... J'étais à bout de patience – qui n'est d'ailleurs pas ma qualité principale.

Ça a semblé durer une éternité. Enfin, elle s'est décidée à essuyer ses larmes avec son oreiller. Whaou ! Électron et moi avons été projetés hors de la bouteille.

Enfin libres !

Extrait

« Pourquoi j'ai tout faux ? »

par Nadia

Dans mon école précédente, à Brooklyn[1], j'étais juste moi. Ni trop populaire ni trop ringarde. Mes amies et moi, on formait une petite bande sympa ; ça nous suffisait. On n'était ni heureuses ni malheureuses. On vivait, tout simplement.

Il y a un mois, j'ai dû intégrer ce collège du Midwest où on me traite comme une erreur de la nature. On me refuse même le droit de marcher tranquillement dans les couloirs ! Je suis l'extra-terrestre de la cinquième. Les élèves préféreraient se voir coller des devoirs supplé-

[1] Brooklyn est un quartier de New York.

mentaires plutôt que d'être vus en ma compagnie.

Je n'ai pas ma place ici.

Mes matinées sont sinistres ; mes déjeuners solitaires ; mes soirées insupportables. Je suis seule, toujours seule. Les e-mails et coups de fil de mes amis de New York se font de moins en moins fréquents. Je ne regarde plus mes émissions télé favorites, vu que je n'ai personne avec qui en discuter. Sortie de la maison, je n'ai nulle part où aller.

En arrivant ici, je rêvais de me faire des amis. Je pensais que ce serait facile, pour une fille comme moi, venant de New York. Au lieu de ça, on me considère comme la super-ringarde de service. Je n'y comprends rien…

Ces monstres me surnomment « Knadia », à cause de mon accent new-yorkais. Ils se moquent de la musique que j'écoute. Et ils critiquent mon look : je porte souvent du noir, et d'après eux je me prends pour une star du rock ! N'importe quoi !

J'ai déjà assez de complexes comme ça ! J'ai

treize ans, mais j'ai l'air d'en avoir neuf; je suis petite et mince, et on me prend pour un garçon. Mes cheveux sont coupés très court. Mes copines trouvaient que ça mettait en valeur mon visage. Ici, les filles ont les cheveux longs, vraiment longs.

Qu'ils se moquent de mon accent, de la musique que j'aime, passe encore... Dénigrer mon look, voilà ce que j'ai le plus de mal à encaisser.

J'aime bien la poésie, le rap, le cinéma. Apparemment, ces centres d'intérêt n'ont pas cours dans ce trou perdu.

Pour couronner le tout, je n'aime pas ce qui est considéré comme branché ici : par exemple, les filles ont toutes des mèches fluo ; elles portent un nombre incalculable de bracelets, colliers et barrettes ; elles dansent d'une manière très bizarre. Pire : elles sont folles de hamburgers. Je suis végétarienne ; la simple vue d'un steak me rend malade.

J'ai donc tout faux. Ma vie est devenue une erreur fatale.

Ma cousine Lisa, qui est dans ma classe, ne

cesse de me répéter que je ne dois rien changer à ma façon d'être. Avec son meilleur ami, Matthew, ils revendiquent leur marginalité : fans des années 80, ils s'habillent aux puces et écoutent la musique d'une époque où ils n'étaient pas nés ! Parfois, je les trouve plutôt barjo. Mais eux, au moins, ont trouvé leur place.

De toute façon, ils ne comprennent pas mon problème. Ils sortent avec les « Einstein » – une bande d'élèves qui se sont attribué ce surnom parce qu'ils se considèrent comme surdoués. Franchement – sans vouloir me montrer cruelle – ils évoluent en dehors de la stratosphère sociale. En bref, ce sont de drôles d'oiseaux.

Je n'ai parlé qu'à une seule personne depuis que j'ai atterri sur cette planète nommée Indiana. Son nom est Chris.

Chris !

Imaginez le garçon de treize ans le plus adorable, le plus craquant que vous ayez jamais croisé. Eh bien, c'est Chris. Il ressemble à une star de cinéma – pas de celles qui sont hyper belles et inaccessibles, non, de celles qui pourraient être votre voisin. Trop mignon. Or, j'ai la chance qu'il soit mon voisin.

Quand il sort dans son jardin, je le regarde par la fenêtre. J'observe le moindre détail de son visage, ses délicieuses taches de rousseur. Je contemple ses doux cheveux couleur sable doré. Ce sourire, à la fois gentil et timide, qui ne le quitte pas. Sans oublier ses yeux, ses merveilleux yeux bruns !

La veille de la rentrée, il est passé me dire bonjour. On a parlé pendant une bonne demi-heure de musique et de cinéma. Il connaît une partie des groupes que j'aime ! Au début, j'ai cru que ma nouvelle vie commençait le mieux du monde.

Hélas, ça a viré à la torture quand il m'a ignorée au collège. D'accord, il me sourit et me salue. Il m'adresse même parfois la parole. Pourtant, il n'est pas copain avec moi, ni rien. Sans doute parce qu'il est toujours avec la bande des nageurs et des joueurs de tennis, dont la plupart se moquent de moi, et qu'il déjeune avec les pom-pom girls. J'ignore à quel point ils sont amis : je ne les ai jamais vus chez lui. Je suppose qu'il ne souhaite pas être humilié en public par « Knadia » de New York.

Je ne peux pas lui en vouloir : je n'ai rien à lui offrir. Je suis une perdante. Lui, il est génial, il a plein d'amis et des tas de trucs intéressants à faire. Je comprends qu'il ne veuille pas traîner avec moi.

Moi-même, je ne supporte pas de traîner avec moi !

Ce déménagement est une vraie cata. Il ne m'a apporté que du malheur.

Au fait, je m'appelle Nadia.

Avec l'aide de Genny,
Nadia réussira-t-elle à se faire
accepter dans son nouveau collège…
et à conquérir le cœur de Chris ?

club Copines

La série « Genny le génie »
de Kristen Kemp
901. *Au secours, j'ai besoin d'amis !*

La série « Les enquêtes des sœurs Christer »
d'Ellen Miles
902. *Le secret du manoir*

Impression réalisée sur CAMERON par

BRODARD & TAUPIN

GROUPE CPI

La Flèche
en avril 2005

Imprimé en France
N° d'impression : 29032